바쁘게 대학 생활을 하며 ⋯⋯⋯⋯⋯⋯⋯⋯⋯⋯⋯⋯을 느끼고 있습니다. 실험경제반에서 했던 ⋯⋯⋯⋯⋯⋯⋯⋯⋯⋯⋯⋯⋯. 앞으로도 실험경제반만의 새로운 시도와 활동 ⋯⋯⋯⋯⋯⋯⋯⋯니다!

— **권인범**, 한국과학영재고 졸업, 한양대 의과대학 재학

실험경제반 수업을 통해 사회의 여러 현상들을 이해하고 경제 개념을 어떻게 생활에 활용하는지를 배웠습니다. 덕분에 시사 관련 주제들을 공부하거나 토론할 때도 좀 더 적극적으로 참여하고 있어요. 이 책을 읽는 모두가 경제를 재미있게 배우고 세상을 보는 눈을 넓힐 수 있었으면 좋겠습니다.

— **노희준**, 양정중 졸업, 외대부고 재학

실험경제반에서 처음으로 접했던 경제 수업 내용은 시간이 훌쩍 지난 지금도 제 생활 곳곳에 자연스럽게 녹아 있습니다. 이 책이 미래를 준비하는 후배들에게 든든한 가이드가 되어 주리라 확신합니다.

— **민병환**, 국악방송 라디오 프로듀서

공유지의 비극에 대해 실험을 하며 공부했던 게 기억나요! 공유 자원이 어찌나 빠르게 고갈되던지요. 친구들과 함께 해결책을 고민하며 사회 제도와 신뢰 문제에 대해서도 깊이 생각해 볼 수 있었습니다. 실험경제반 활동을 하며 더 나은 세상을 만들어 보겠다는 꿈도 가지게 되었어요.

— **박민규**, 하나고 졸업, 카이스트 전기전자공학과 재학

실험경제반 수업을 들으며 제대로 생각하는 법을 배웠습니다. 우리의 생활은 선택의 연속이고 현명하게 선택하기 위해선 경제적 사고와 더불어 전체를 보는 눈이 꼭 필요하죠. 저는 친구들과 게임과 실험을 하며 자연스럽게 체득할 수 있었어요. 특히 경제와 수학을 함께 배우며 실생활에 어떻게 적용할지를 재미있게 배웠던 게 기억이 나네요. 논리적으

로 생각하는 힘은 지금 제가 하는 일에 가장 필요한 것이랍니다.

__ **박희준**, 강서고·대구가톨릭 의과대학 졸업, 이비인후과 전공의

실험경제반 활동을 하며 어렵게만 생각했던 경제에 대해 흥미를 느끼게 되었고, 쉽고 재미있게 경제 지식을 쌓을 수 있었어요. 많은 친구들이 이 책과 함께 경제에 관심을 가지고 유용한 경험을 하면 좋겠습니다. __ **서유성**, 양정고 졸업, 연세대 경제학과 재학

'어떻게 하면 공정한 사회를 만들 수 있을까?'에 대한 저의 고민과 생각을 실험경제반 활동을 통해 좀 더 확장시킬 수 있었어요. 선생님, 친구들과 함께 진지하게 토론하고 논의했던 시간은 꿈을 향해 나아가는 데 소중한 밑거름이 되었습니다.

__ **윤재현**, 하나고 졸업, 서울대 인류학과 재학

실험과 역할극 등으로 경제 원리를 몸으로 익히면서 경제에 관심을 가지게 되었어요. 특히 공공재 게임을 했던 게 가장 기억에 남아요. 공공 통장에 얼마를 기여할지 고심했는데 결국 모인 돈이 많지는 않았어요. 이런 생생한 경험을 통해 세금이 필요한 이유도 깨달았답니다. __ **이규언**, 상산고 졸업, 가천대 한의예과 재학

중학교 1학년 때 선생님이 경제 관련 책을 읽고 있던 제게 관심을 가져 주시고 책 내용에 관한 질문도 많이 해 주셨던 게 기억나요. 알파벳 게임과 로빈슨 크루소 연극을 하며 평소 헷갈리고 어렵게 느껴졌던 무역이나 환율에 대한 경제 지식을 쉽게 깨우칠 수 있었습니다. __ **이재영**, 양정중 졸업, 외대부고 재학

경제는 어렵고 지루하다는 인식이 있는데, 선생님의 수업을 들으며 생활 가까이에 있는 경제 원리들을 찾아 재미있게 배울 수 있었어요. 많은 학생들이 이 책을 통해 자연스럽

게 경제에 관심을 갖게 되어 우리나라가 금융선진국으로 발전하는 계기가 되었으면 합니다. — **이태훈[1]**, 조지워싱턴대 국제관계학과 졸업, 신영증권(구조화금융본부)

실험경제반에서 우리가 내리는 다양한 결정들을 경제 이론으로 설명할 수 있다는 점을 여러 사례를 통해 쉽고 재미있게 이해할 수 있었습니다. 실험경제반의 핵심 수업을 담은 이 책을 통해 많은 후배들이 경제적 사고의 가치를 발견하고 세상을 보는 시각을 넓힐 수 있기를 바랍니다. — **이태훈[2]**, 뉴욕대(NYU) 경제학과 졸업, 파리경제대학원(PSE) 경제학 석사, 제네바 국제개발대학원(IHEID) 개발경제학 박사 과정

실험경제반은 막연한 꿈만 갖고 있던 저에게 경제학에 흥미를 갖게 해 주고, 명확한 진로 방향을 잡게 해 준, 제 인생의 터닝포인트였습니다. 현재 재경직 시험을 준비하고 있는데 실험경제반에서의 다양한 경험이 경제학을 공부하는 데 많은 도움이 됩니다.

— **최종원**, 영일고 졸업, 서울대 역사교육과 재학

선생님을 통해 경제를 색다른 방식으로 접하면서 복잡한 학문이라는 편견을 지울 수 있었습니다. 직접 실험을 하며 여러 경제 현상들에 대해 깊이 생각하고 예측해 볼 수 있었던 시간은 경제의 '경'자도 생소했던 저에게 너무나 유익했습니다. 앞으로 살아가면서 꼭 필요한 경제 지식과 나무뿐만 아니라 숲을 볼 수 있는 눈을 뜨게 해 준 실험경제반, 감사합니다. — **추민준**, 양정중 졸업, 강서고 재학

선생님의 제자가 된 지 어느덧 13년이나 흘렀네요! 실험경제반 활동을 하며 금융감독원 대회에 참여했던 순간은 결코 잊을 수 없는 특별한 경험이었어요. 후배들이 이 책을 읽으며 도전하는 자세와 경제를 이해하는 힘을 단단하게 쌓아가면 좋겠습니다.

— **한진규**, 강서고 졸업, 한양대 국어국문학과 재학

사실 처음 접하는 복잡한 경제 개념들이 무척 부담이 되었어요. 하지만 선생님은 우리가 경제에 흥미를 잃지 않도록 경제 원리들을 최대한 쉽게 펼쳐 주기 위해 누구보다 열정적이었습니다. 그런 선생님의 열정과 정성을 고스란히 담은 이 책을 통해 많은 학생들이 경제에 더 친근하게 다가갈 수 있길 바랍니다.

__ **황수신**, 민족사관고·서울대 치의학과 졸업, 서울대분당병원 구강악안면외과

▲ 수업 자료

세계시민이 된
실험경제반
아이들

대한민국 최상위 10대들의 글로벌 경제 수업

세계시민이 된 실험경제반 아이들

김나영 지음 · 이인표 감수 · 정진염 그림

Little A

세계시민이 되려면
나무가 아니라 숲을 보는 안목을!

"바보야, 문제는 경제야!"

미국 제42대 대통령이었던 빌 클린턴(Bill Clinton)의 선거구호였던 이 문장은 많은 사람들의 호응을 얻었어요. 선거철이 되면 대부분의 후보들이 '경제' 문제로 민심을 잡으려 합니다. 우리가 먹고사는 모든 것들이 경제와 밀접하게 관련이 있기 때문에 사람들의 관심이 높을 수밖에 없어요. 종이신문이나 모바일 뉴스에도 경제면이 따로 있고, 경제 뉴스만 집중적으로 다루는 플랫폼도 여럿 있습니다. 그러니 경제를 잘 이해하고 알아야겠지요?

경제라는 개념과는 별도로 경제 현상을 예측하기란 무척 어렵습니다. 세계가 모두 연결되어 있는 요즘은 더더욱 그렇지요. 러시아가 우크라이나를 침공하자 전 세계 물가가 들썩이고, 미국에서 금리(이자율)를 올리니 우리나라도 따라 금리를 올리고, 또 이런 금리 변동은 주가에 영향을 주어 주가선이 줄지어 하락하기도 했습니다. 이처럼 꼬리에 꼬리를 물며 변화가 변화를 만들고, 그런 변화가 또 다른 커다란 변화를 만듭니다. 그래서 경제 현상을 예측한다는 것은 단순히 나무와 나무 사이가 아닌, 우리를 둘러싼 거대한 숲 전체를 본다는 뜻이기도 해요.

▶ '전체를 읽는 눈'을 기른다고요?!

자, 그럼 여러분께 문제를 하나 낼게요! 다음 그림에서 어떤 글자가 보이나요?

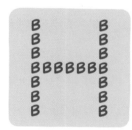

B와 H를 모두 발견하셨나요? 혹시 B나 H라고만 답한 분이 있나요? 그렇다면 지금부터 함께 전체를 읽는 눈을 길러 봅시다.

앞서 《최강의 실험경제반 아이들》에서 '경제의 나무' 한 그루 한 그루를 파악하는 법을 배웠다면, 《세계시민이 된 실험경제반 아이들》에서는 그 나무들이 어떤 숲을 이루고 있는지, 그 숲을 어떻게 유지하고 가꿔 나가고 있는지를 배울 거예요!

그럼 문제 하나 더 나갑니다! 여러분은 다음 그림이 무엇처럼 보이나요?

출처: J. Jastrow, 1899, 《The Mind's Eye》,
Popular Science Monthly 54, 299-312

이 그림은 미국의 심리학자 조셉 자스트로(Joseph Jastrow)가 활용한 100년도 넘은 아주 유명한 그림이에요. 보는 관점에 따라 토끼로도, 오리로도 볼 수 있지요(오리와 토끼 모두 보일 수도 있고요!). 그가 말하길 사람들은 사물을 볼 때 눈만이 아니라 마음(사고방식)을 통해 본다고 합니다. 여러분은 어떤 걸 발견하셨나요?

이렇듯 우리는 각자의 시각에 따라 같은 사물을 다르게 보기도 하고, 전체가 아닌 바로 눈앞의 것만 볼 수도 있어요. 그렇다면 시각을 넓게 변화시키기 위해 무엇을 해야 할까요? 맞습니다! 다른 관점에서 보려면 다양한 경험을 하고 새로운 정보를 알기 위해 더욱 노력해야 하죠. '아는 만큼 보인다'라는 말 들어 본 적 있지요? 넓은 시각을 가지려면 먼저 세상에는 우리가 경험하지 못한 미지의 세계가 수없이 존재한다는 걸 깨달아야 해요.

경제를 이야기하다가 왜 갑자기 '미지의 세계'를 얘기하냐고요? 경제는 그만큼 다양하고 예측하지 못했던 것들이 얽히고설켜 있는 분야이기 때문이에요. 그래서인지 경제학에서는 완전히 상반된 이야기를 하는 두 사람 모두 노벨상을 받기도 하죠. 마치 오리도 맞고 토끼도 맞는 것처럼 말이에요. 이제부터 우리는 이와 관련된 실험과 게임, 그리고 토론을 통해서 경제 현상을 예측할 수 있는 '눈'을 길러 볼 거예요.

▶ 중요한 건 냉철한 두뇌와 따뜻한 마음!

우리가 경제 현상을 제대로 이해하고, 좀 더 나은 삶을 살아가기 위해서는 필요한 것이 있어요. 바로 '냉철한 두뇌와 따뜻한 마음'이에요. 영국의 경제학자 알프레드 마샬(Alfred Marshall)은 경제학자가 가져야 할 자질로 '냉철한 두뇌와 따뜻한 마음'을 꼽았습니다. 저는 이것이 경제학자뿐 아니라 지혜롭게 살기 원하는 모든 사람에게 필요한 자질이라고 생각해요. 다시 말해, 비용과 편익을 냉철하게 분석해 선택하되, 그 선택이 과연 누구를 위한 것인지 되돌아볼 수 있는 마음을 가져야 한다는 의미예요.

경제라는 숲은 모두가 연결되어 있는 또 다른 세상이에요. 그렇기에 잠깐의 이기적인 마음이 우리의 터전인 환경을 파괴하듯이 어떤 선택으로 인해 개인과 사회의 이익이 상충되기도 하고, 단기적 관점에서는 최선의 선택이 장기적으로는 좋지 못한 결과를 가져올 수도 있어요. 세계시민이라면 가능한 나와 세상 모두를 위해 좋은 선택을 할 수 있어야겠죠?

▶ 숲을 이해하기 위해 떠나는 모험!

그러기 위해서는 '경제'라는 숲을 이루는 나무인 국가와 국가가 서로 어떻게 영향을 주고받는지, 교역으로 인한 효과는 무엇인지 알아볼 필요가 있습니다. 이 책에서 우린 교역을 할 때 쓰이는 돈은 무엇이고 각 나라의 돈과 돈의 교환 비율은 어떻게 정해지는지도 함께 살펴볼 거예요. 더불어 국가를 이루는 구성 요소인 가계,

기업, 정부 등 경제 주체들 간의 관계와 역할, 그리고 국가 경제가 안정적으로 성장하기 위해 필요한 조건도 배워 볼 거고요.

나무를 키울 때 물과 햇빛이 지나치게 많거나 적으면 문제가 되듯이, 국가 경제에 있어서 돈의 양도 그런 역할을 해요. 여러 가지 게임을 하면서 원활한 국가 경제를 위해 돈의 양은 어느 정도가 적절한지, 경기가 지나치게 과열되거나 침체되는 걸 막기 위해 국가 기관에서 어떻게 돈의 양을 조절하는지도 함께 탐구해 보도록 해요.

마지막으로 사람의 행동이 경제적 유인뿐 아니라 타인을 돌보는 마음, 공정성과 상호성 등의 사회규범에 영향을 받는다는 걸 여러 행동경제학 실험(몫 나누기 게임, 신뢰 게임, 공공재 게임 등)을 하며 자세히 알아볼 거예요. 실험경제반 친구들과 함께 어떤 조건에서 사람들의 행동이 보다 협력적으로 변하는지를 관찰하고 토론하면서 그 결과를 사회제도와 문화에 어떻게 적용하면 좋을지 같이 고민해 보는 시간도 가져 볼 겁니다.

그럼 여러분! 세계시민이 되어 '경제의 숲'으로 모험을 떠날 준비가 되셨나요?

김나영

차례

실험경제반 친구들을 소개합니다! • • • • •

나선생

경제 교육에 대한 열정이 가득한 선생님이다. 평소에는 차분하고 조용한 성격이지만 실험경제반에서 경매사, 대통령 등으로 능청스럽게 변신해, 학생들이 적극적으로 실험과 게임에 참여하면서 경제 개념을 쉽고 재미있게 이해할 수 있도록 돕는다.

재연 　정치철학자

무엇이든 기록하기 좋아해 그날 배운 내용을 항상 꼼꼼하게 정리해둔다. 어려서부터 '공정', '정의'에 관심이 많았고 이런 시각으로 각종 사회 문제를 바라본다. 우리가 살아가는 데 밑바탕이 되는 경제의 중요성을 잘 알고 있어 실험경제반에 들어왔다. 정치철학자가 꿈이다.

선아 　경제 관료

실험경제반 수업을 들으며 경제 이론을 좋아하게 되었고, 경제 안정과 성장을 동시에 이룰 수 있도록 돕는 경제 관료가 되겠다는 꿈이 생겼다. 신중하고 조용하지만 필요한 때에는 핵심을 짚어 말한다.

창민 　수리 통계학자

계산이 빠르고 정확해 모두를 놀라게 하곤 한다. 재치가 있고 재미있는 말장난을 잘한다. 다만 하고 싶은 말은 거르지 않고 해서 상대를 당황시키기도 한다. 수리 통계학자가 꿈이다.

경호 성형외과 의사

어떤 게 자신에게 이익이 되는지 빠르게 계산해 행동하는 편이다. 성형외과 의사가 꿈인데 무슨 일을 하든 경제를 잘 알아야 한다고 생각해 실험경제반에 들어왔다.

시현 산업 디자이너

예술을 좋아하고 감성적이다. 디자인반에 들어가고 싶었지만 자리가 없어 실험경제반에 왔다. 처음엔 수업에 소극적으로 참여하지만 점차 경제 공부에 흥미를 느낀다. 사람들의 심리에 기반한 경제적 마케팅과 디자인이 좋아져 산업 디자이너가 되고 싶어졌다.

재준 프로그래머

컴퓨터, 기계 등을 잘 다뤄서 수업에 필요한 기자재 관리를 돕고 있다. 성실하고 꼼꼼한 성격이지만 가끔 '욱'할 때가 있다. 자신에게 손해가 되더라도 공정하지 못한 건 반드시 바로잡고자 한다. 프로그래머가 꿈이다.

규현 법조인

원리 원칙을 지키는 것을 가장 중요하게 생각해 꼼수를 쓰는 친구들에게 따끔하게 충고하기도 한다. 법조인이 꿈이며 조세법에 관심이 많아 이상적인 세금 제도에 대해 고민하고 있다.

15

"제가 찾은 생활 속 경제는요……."

    가을 학기가 시작되고 첫 점심 시간, 실험경제반 친구들이 서둘러 점심을 먹고 동아리 교실에 모였다.

    "얘들아, 잘 지냈어? 얼마나 보고 싶었는지 모른다오. 우리 우아하게 애프터눈 티 마실까?"

나 선생은 티팟과 직접 구워 온 마들렌을 들고 나왔다.

"우와! 오늘은 영국 콘셉트예요?"

창민이는 나 선생의 모습을 보며 너스레를 떨었고, 선아는 얼른 다가가 도왔다.

"모양은 좀 이상하지만…… 뭐, 맛있는데요?"

경호는 마들렌을 가장 먼저 집어먹더니 장난스럽게 말했다.

"와, 정말 맛있어요!"

다들 감탄하며 마들렌을 맛있게 먹었다.

"모두 방학 즐겁게 보냈어? 더 밝아지고 멋져졌네. 숙제도 다들 해 왔겠지?"

"무슨…… 숙제요?"

나 선생이 아이들을 둘러보며 말하자 재준이가 놀란 표정으로 대답했다.

"그거, 생활 속 경제!"

"맞아, 생활 속에서 경제 찾아보기! 기억하지?"

경호가 외치자 나 선생이 기대에 찬 얼굴로 친구들을 보며 물었다. 그제야 재준이는 안도의 한숨을 쉬며 이야기했다.

"그거라면 매일 찾아보고 있죠. TV 예능 프로그램에서 하루 동안 중국에서 만든 제품을 사용하지 않고 지내는 걸 봤어요. 어떤 남자가 자신만만하게 도전했는데 컴퓨터 키보드랑 스마트폰 부품이 중국에서 만든 거라 아무것도 못 쓰고 세 시간쯤 버티다 도저히 안 되겠다며 포기하더라고요."

"저도 그 프로그램 봤어요. 어떤 사람은 카페에 갔는데 하필 빙수를 담은 그릇이 중국산이어서 못 먹었어요. 완전 불쌍했어요."

시현이도 봤다며 얘기하자 재준이가 고개를 끄덕이며 계속 말을 이었다.

"그 프로그램을 보면서 제 물건들도 살펴보니 중국은 물론이고 베트남, 독일, 일본, 인도네시아······. 진짜 세계 각국이 다 있는 거예요. 이게 다 우리나라가 다른 나라랑 무역을 많이 하고 있다는 증거 아니겠어요?"

"재준이는 예능 프로그램을 보면서도 경제를 생각했구나! 훌륭한데? 전 세계가 무역을 통해 상호의존하면서 살아가고 있어. 특히 우리나라는 경제에서 무역이 차지하는 비중이 정말 커. 이를 '무역의존도'가 높다고 해. 아마 외국과 교역하는 하늘길, 바닷길이 막힌다면 당장 석유가 못 들어오고······."

나 선생의 말에 재연이가 몸서리를 치며 말했다.

"생각만 해도 오싹해요! 생활을 제대로 할 수 없을 것 같아요. 우리나라가 무역의존도가 높다는 말은 많이 들었어요. 그래서 세계 경제 환경의 변화에 민감할 수밖에 없다고요."

"맞아, 그래서 세계 경제 환경의 변화와 흐름을 읽을 수 있는 능력이 꼭 필요해."

"저는 방학 때 영국에 다녀왔는데요, 재작년 방학에 갈 때는 1파운드에 1,400원 정도였는데 올해는 1,580원이었어요. 환전할 때도 파운드가 비싸졌다고 느꼈는데 런던에 가서 보니 음식 가격도 많이 올랐고 전반적으로 물가가 상승했더라고요. 그리고 BBC 뉴스에서 '브렉시트(Brexit) 여파로 생산 비용이 올랐다'고 하는 걸 봤어요. 관세 문제만이 아니고 예전엔 네덜란드 같은 유로존에서 바로 들어오던 신선 식품이 이제는 검역 절차를 거쳐야 해서 그에 따른 비용이 추가로 발생한다고 하더라고요."

메모를 보며 또박또박 이야기하는 재연이에게 창민이가 물었다.

"브렉시트가 뭐냐? 말을 너무 어렵게 해서 도통 무슨 말인지 모르겠다."

"시사에 관심 좀 가져. 영국이 유로존에서 탈퇴한 걸 '브렉시트'라고 해. 브리튼(Britain)이 유로(Euro)에서 엑시트(exit)했다고! 난 어려운 말을 한 게 아니거든!"

재연이가 창민이에게 뾰로통하게 말했다.

"괜찮아. 모를 수 있지. 선생님한테도 어려운 건데? 우리 이번 학기 수업시간에 하나씩 차근차근 알아보자."

나 선생은 재연이를 바라보며 말을 이었다.

"재연이가 환전하면서 환율 변화도 관찰하고 영국에 가서 물가가 오른 것을 느끼면서 원인도 찾아봤구나. 정말 대단한데?"

"네, 확실히 예전보다 더 경제에 관심이 생겨서 그런 게 보이더라고요. 그런데 환율이 어떻게 변하는지 궁금했어요. 달러·유로·엔에 대한 환율도 매일 변하더라고요."

나 선생의 칭찬에 기분이 풀린 재연이가 말했다.

"너희 이야기를 들으니 이번 학기에는 무역, 환율 같은 국제 경제를 함께 공부해 봐야겠는 걸?"

나 선생의 말에 선아가 손을 들며 이야기했다.

"저는 금리가 궁금해요. 한국은행에서 '기준 금리'를 올릴 것 같다는 전망이 나오던데요. 미국도 기준 금리를 인상한다고 발표했고, 유럽은 물가가 올라서 금리를 인상할 수 있다고 하더라고요. 한국은행에서 기준 금리를 결정할 때, 우리의 경제 상황도 고려하지만 미국이나 유럽의 움직임도 살펴서 결정한다는 기사도 봤어요. 사실 기준 금리라는 게 중요하고 한국은행에서 결정한다는 건 알겠는데 금리가 우리에게 어떤 영향을 주는지 이해하기 어려웠어요. 기준 금리가 오르면 경제에 어떤 영향을 미치는지,

왜 외국의 경제 정책을 함께 고려해야 하는지 궁금해요."

"선아는 역시 경제 정책에 관심을 갖고 살펴봤구나. 경제 흐름을 파악하고 경제 정책을 생각할 때 기준 금리에 대한 이해는 필수지. 한국은행에서 기준 금리를 결정하고 그게 경제에 큰 영향을 준다는 것도 알았으니 우리에게 어떻게 영향을 미치는지만 알면 되겠네! 이번에 금리에 대해서도 공부해 보자!"

나 선생은 신이 난 듯 활기차게 말했다.

"저도 있어요!"

이번엔 경호였다.

"저는 경제 원리에 맞지 않는 걸 발견했어요! 옆집 아저씨가 운전을 하면서 신호를 기다리지 않고 유턴을 했는데, 그걸 어떤 분이 찍어서 신고를 했대요! 그분이 그 자리에 자주 나와서 불법 유턴 차량이 있으면 사진을 찍어서 신고한다고 하더라고요."

"그게 경제 원리랑 상관이 있다고?"

규현이가 의아한 표정으로 물었다.

"나는 당연히 신고한 사람에게 보상이 주어지는 줄 알았거든. 근데 그게 아니더라. '사람은 경제적 유인에 반응한다'는 경제 원리에 벗어나잖아! 사진 찍고 신고하느라 시간과 노

력을 낭비하다니, 신기한 현상이란 말씀!"

경호의 말에 규현이는 어처구니없다는 표정을 지었다. 둘의 대화를 지켜보던 나 선생은 재미있어 하며 말했다.

"경호도 생활 속에서 경제 원리를 잘 찾았네. 맞아, 네 말대로 사람은 경제적 유인에 반응하기 마련인데, 그분은 왜 자신의 수고를 마다하지 않고 그런 일을 할까? 이것 역시 함께 공부해 보면 좋겠다! 사람을 움직이는 다양한 요소들! 너희들의 이야기를 들으니 이번 학기 정말 기대된다. 방학 동안 고민했던 궁금증을 하나씩 풀어 보자!"

국제 경제:

무역은 서로에게 Win-Win!

내가 신은 운동화의 생산지는 어디일까?

알파벳 게임으로 배우는 교역의 효과

"오늘은 모둠 활동을 할 거야. 둘씩 짝을 지어서 앉아 볼까? 남은 한 명은 나랑 짝꿍하자!"

창민-경호, 선아-재연, 시현-규현, 재준-나 선생, 이렇게 네 모둠으로 짝을 지어 앉았다. 나 선생은 지퍼 백에서 알록달록한 알파벳 자석을 꺼내 각 모둠에 한 주먹씩 나눠 줬다.

"오늘은 이걸로 단어 만들기 게임을 해 보자. 각자 주어진 알파벳 자석을 조합해서 영어 단어를 만드는 거야. 시간은 5분! 완성한 단어는 책상에 두면 돼. 자, 그럼 시작!"

나 선생의 '시작' 소리와 함께 모두 단어 만들기에 집중했다.

"저희는 모음이 하나도 없어서 단어를 만들 수가 없어요!"

"그럼 약자로 써도 되죠? TV, 이렇게요!"

경호가 투덜대자 창민이가 옆에서 말했다.

"그래, 약자로 쓰는 것도 오케이!"

시간이 지나고 각 모둠에서 어떤 단어를 완성했는지 확인했다.

모둠별 완성 단어

	완성한 단어	남은 알파벳	완성한 단어 개수
창민-경호	TV	C, Z, N, N, L, X, L, L, G	1
선아-재연	CAT, AMAZE, BY	R, I, O	3
시현-규현	FLOWER, PEN	G, D, A, N, I	2
재준-나 선생	HONOR, BRIDGE	W, D, T	2

나 선생은 칠판에 표를 그려서 각 모둠에서 완성한 단어와 남은 알파벳을 적었다. 모음 없이 자음만 가득 받은 창민이와 경호 모둠은 단어를 하나밖에 만들지 못했고, 알파벳 자석이 아홉 개나 남았다.

"선아와 재연이 모둠이 단어를 세 개 만들어서 우승이네!"

"너무 해요. 저희한테 일부러 자음만 주신 거 아니에요?"

경호의 투정에 나 선생이 말했다.

"그럴 리가 있겠니. 이번엔 규칙을 바꾸자. 이젠 다른 모둠과 알파벳 자석을 교환할 수 있어. 교환할 때는 한 번에 여러 개도 가능해. 예를 들면, A 한 개랑 C 두 개를 바꾸자고 해도 된다는 거야. 자, 5분 동안 알파벳 교환 시작!"

나 선생의 말이 끝나기도 전에 아이들이 이리저리 움직이기 시작했다.

"야, 우리 A 좀 줘. N이랑 L을 줄게."

"우린 E가 필요한데, 너희가 필요한 건 뭐야?"

서로 필요한 알파벳을 찾아다니며 흥정하고 교환했다. 이 팀에서 교환한 걸 다른 팀에서 재교환하기도 하고, 모음이 귀해서인지 A 하나랑 자음 세 개를 바꾸기도 했다.

국제 무역,
자원을 좀 더 효율적으로 이용하는 방법

시간이 지나고 나 선생은 각 모둠에서 완성한 단어와 남은 알파벳을 확인해 칠판에 적었다.

"두 번째 게임에선 재준이랑 내가 우승했네!"

두 번째 게임에서 모둠별 완성 단어

	완성한 단어	남은 알파벳	완성한 단어 개수
창민-경호	TAX, LAND, GO	Z	3
선아-재연	COLD, CAR, BY, IN	R, Z	4
시현-규현	VERB, FIND, WALL, PEN	W	4
재준-나 선생	HI, MR, GET, ON, GOT	E	5

"이번에는 모든 모둠에서 단어 생산량이 늘었네? 첫 번째 게임 때랑 비교해 봐. 아까는 전체 단어 생산량이 여덟 개였는데……."

"열여섯 개네요!"

나 선생의 말에 창민이가 이어 말했다.

"신기하지? 이게 바로 무역을 하는 이유야! 전체 생산량이 늘

었을 뿐만 아니라 모든 모둠의 단어 생산량도 늘었어. 사용하지 않고 남은 알파벳은 줄어들었고."

"아, 무역을 하면 win-win이란 거군요?"

규현이가 양손 엄지를 치켜들며 말했다.

"저도 알겠어요. 그러니까 이 교실을 세계라고 가정하고 각 모둠이 국가라면 국가 간 무역이 서로에게 이익이 된다는 거군요."

시현이가 눈을 반짝이며 말했다.

"그러네. 나라마다 자원이 불균등하게 분포되어 있잖아요. 우리나라엔 석유가 생산되지 않고, 저희에게 모음이 없었던 것처럼 말이에요."

"그런데 무역을 통해 석유를 들여오니까 우리나라는 여러 가지

제품을 생산할 수 있고, 저희도 모음을 수입해서 단어를 만들 수 있었고요."

경호와 창민이가 이어서 말했다.

"게다가 남는 알파벳, 그러니까 남는 자원도 줄었어요. 무역을 통해 필요한 곳으로 자원을 보낼 수 있단 거죠!"

"다시 말해 무역을 통해 자원을 효율적으로 사용할 수 있다는 거지!"

재연이와 선아가 이어서 마무리했다.

"그래, 정말 잘 연결하는 걸? 역시 실험경제반이야. 국가마다 가진 자원이 다르니까 교환을 통해 서로 이득을 얻는 거지. 우리가 사용하는 물건도 한번 살펴봐. 각자 신고 있는 신발의 생산지는 어디일까?"

나 선생의 말에 아이들은 신발을 벗어 생산지를 확인했다.

"제 운동화는 나이키인데 메이드 인 베트남이네요. 미국에서 만든 줄 알았는데."

"저도요. 메이드 인 인도네시아!"

"자, 그럼 각자 가지고 있는 물품들의 생산지를 확인해 보자! 얼마나 많은 나라가 나오는지."

"제 샤프는 일본에서 만들었어요. 필통은 중국이요!"

"제가 입은 옷은 중국에서 만들었어요!"

"메이드 인 코리아보다 다른 나라에서 들여온 것이 더 많아요."

모두 각자 찾은 생산지를 얘기하며 즐거워했다.

"우리가 흔히 사용하는 물품도 다양한 나라에서 만들었지? 요즘은 국가 간 협업도 많아서 생산지라는 개념이 무색한 느낌이야. 휴대전화도 액정을 만드는 나라, 배터리를 만드는 나라, 조립을 하는 나라 등 여러 나라를 거쳐서 완성하는 경우가 많아."

"저도 누나한테 바비 인형을 그렇게 생산한다는 얘기를 들었어요. 조립은 중국에서, 머리카락은 일본에서 만든대요. 플라스틱은 대만에서 만들고, 플라스틱 원료인 석유는 사우디에서 수입하고요."

시현이가 말했다.

"바비 인형도 여러 나라를 거치면서 만들어지는구나. 전 세계가 무역을 통해 서로에게 의존하며 살아가고 있어. 무역이 win-win이라는 걸 알았으면 오늘은 수업 끝!"

누구에게나 상대적으로
잘하는 게 있기 마련!

역할극을 통해 이해하는 비교 우위

오늘 실험경제반 교실은 분위기가 확 바뀌어 있었다. 커튼을
모두 쳐서 어두웠고 책상엔 팝콘과 콜라가 하나씩 놓여 있었다.

"쌤, 오늘은 영화관 콘셉트예요?"

"정답! 우리 영화 한 편 보고 시작하자."

나 선생이 틀어 준 영화는 〈시라노; 연애조작단〉이었다.

교회에서 예배를 보다 졸던 한 남자, 그의 이름은 상용이다. 꾸벅꾸벅 졸
던 그의 고개가 뒤로 꺾이며 입이 벌어졌는데, 그때 입 속으로 껌이 떨어
진다. 2층 발코니 좌석에서 껌을 씹고 있던 여자, 희중이 재채기를 하면서

껌이 날아간 것이다.

황당하고 불쾌한 사건으로 두 사람의 인연이 시작되고 상용은 희중을 좋아하게 되었다. 하지만 상용은 제대로 연애를 해 본 적이 없어 '시라노 에이전시'를 찾아간다. 허우대도 멀쩡하고 펀드매니저라는 번듯한 직업도 가진 그가 특별히 연애에 문제가 없을 것 같은데, 왜 여길 찾아왔는지 묻자 그는 이렇게 말한다.

"일종의 아웃소싱이죠. 제가 잘할 수 있는 분야에 더 집중할 수 있게. 상대적으로 약한 분야는 외주업체에 맡기는 겁니다. 저는 그쪽 회사에 지불한 돈이 전혀 아깝지 않습니다. 제가 시간당 페이가 얼마인데요. 애정 문제로 고민할 시간을 일에 투자하는 게 얼마나 합리적인 선택입니까."

상용의 대사에 깔깔대는 실험경제반 친구들. 나 선생은 영화를 멈추고 말했다.

"방금 그 대사, 어떻게 생각해? 진짜 합리적인 걸까?"

"아유, 좀 웃긴 사람 같아요. 합리적이긴요, 뭘!"

경호의 말에 나 선생은 웃으면서 연극을 제안했다.

"오늘, 연극을 하나 하려는데, 무인도에 떨어진 로빈슨 크루소와 프라이데이 이야기야. 역할을 맡아 줄 두 분? 자원 받아요!"

연기를 하려니 쑥스러웠는지 아무도 자원하지 않았다.

"음, 절친인 창민이랑 경호가 해 보면 어때?"

"네? 싫은데요. 저 자식하고 무인도에?"

"대신 선생님이 오늘 떡볶이 살게!"

창민이가 손사래를 치며 말했지만 나 선생의 떡볶이 제안에 경호가 대뜸 대답했다.

"좋아요! 대신 제가 로빈슨 크루소 할래요!"

"아유 저 자식! 그래, 내가 프라이데이가 되어 주지!"

창민이가 키득거리며 말하자 나 선생은 얼른 둘에게 연극 대본을 넘겼다.

"로빈슨 크루소와 프라이데이는 지금 무인도에 있어요. 그곳에서 생활한 지 일주일이 지났죠. 둘은 하루에 여덟 시간씩 코코넛 채집과 물고기 낚시를 해서 살아갑니다. 로빈슨은 여덟 시간 동안 코코넛을 따면 스물네 개를 채집할 수 있고, 같은 시간 동안 물고기만 잡으면 열여섯 마리를 잡을 수 있어요. 프라이데이는 여덟 시간 동안 코코넛은 열두 개를, 물고기만 잡으면 네 마리를 잡을 수 있대요. 로빈슨이 프라이데이보다 코코넛 채집도, 낚시도 잘하는군요! 그럼 이제부터 둘의 이야기를 들어 볼까요? 자, 연극 시작!"

 여보게, 프라이데이. 자네와 나는 하루에 여덟 시간씩 일하고 있어. 각자 네 시간은 코코넛을 따고, 네 시간은

물고기 낚시를 하고 있지.

 그게 뭐, 어떻단 거요? 먹을 게 그것밖에 없는데.

 내가 관찰해 보니, 나는 네 시간 동안 코코넛을 열두 개를 따고 자네는 여섯 개를 따더군. 또 네 시간 동안 나는 물고기 여덟 마리를, 자네는 두 마리를 잡지.

 (화난 표정으로) 뭐요! 둘 다 잘한다고 잘난 체하는 거요?

그렇지 않소. 내가 둘 모두에게 좋은 제안을 하나 하려 하오. 내 생각에 당신은 하루 여덟 시간 일하는 동안 코코넛 채집만 하고, 난 여섯 시간 동안 물고기를 잡고 두 시간만 코코넛을 딴 다음, 교환을 하면 좋을 것 같소.

그럼 난 하루에 코코넛 열두 개를 따겠군.

그래요, 내게 당신이 딴 코코넛 중 여섯 개를 주시오. 그럼 난 잡은 물고기 열두 마리 중 세 마리를 드리리다. 내 말대로 하면 전보다 더 많이 먹을 수 있을 거요.

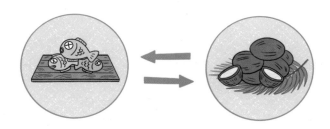

그거 좋은 생각인 것 같긴 하군. 하지만 왜 그런 제안을 하는 거요? 당신은 둘 다 나보다 잘하니 손해 아니오?

 아니오. 내게도 좋소. 난 여섯 시간 동안 물고기를 잡으면 열두 마리를 잡지. 그중 당신에게 세 마리를 주니 내겐 아홉 마리가 남소. 그리고 내가 두 시간 동안 코코넛을 따면 여섯 개를 딸 수 있고, 당신에게서 받은 여섯 개를 합하면 열두 개가 되잖소. 그러면 이전보다 더 많이 먹을 수 있지.

 (머리를 긁적이며) 그래요? 믿기지가 않는데……. 일단 그렇게 해 봅시다.

교환의 이득,
상대적으로 잘하는 것에 특화해 win-win 하는 전략

경호와 창민이의 실감 나는 연기에 실험경제반 친구들은 모두 킥킥거리며 박수를 쳤다.

"얘들아! 로빈슨의 제안이 멋지지 않았어?"

나 선생은 교실 스크린에 정리한 자료를 띄웠다.

로빈슨과 프라이데이의 생산 능력(8시간 일할 때 개별 생산량)

	코코넛	물고기
로빈슨 크루소	24	16
프라이데이	12	4

교환 여부에 따른 소비량 비교

	교환을 하지 않았을 때		교환했을 때	
	코코넛	물고기	코코넛	물고기
로빈슨 크루소	12	8	12	9
프라이데이	6	2	6	3

"로빈슨이 다 잘하니까 교환하는 게 손해일 것 같았는데, 아니네요?"

"신기해요! 무슨 마법이지?"

재준이와 시현이가 감탄하며 말했다.

"이게 바로 교환의 이득이야. 지난번에 알파벳 게임할 때, 각 나라마다 가진 자원이 달라서 교역이 이루어진다는 건 알았잖아? 단순히 자원뿐만 아니라 상대적으로 잘하는 걸 전문적으로 생산한 후에 교역해도 win-win이야!"

"상대적으로 잘하는 거요?"

"그래, 사실 로빈슨은 프라이데이 보다 물고기 잡기도, 코코넛 따기도 잘했잖아? 그래도 교환을 통해 이득을 봤어. 서로 상대적으로 잘하는 걸 전문적으로 생산해서야. 상대적으로 잘한다는 건, 내가 그 일을 할 때 포기하는 게 상대보다 적다는 뜻이야."

나 선생의 말에 창민이가 눈을 번뜩이며 말했다.

"아, 로빈슨은 코코넛 하나를 생산하려고 시간을 쓰면 물고기 $\frac{2}{3}$마리를 포기해야 하는데, 프라이데이는 코코넛 하나를 생산하기 위해 포기하는 물고기가 $\frac{1}{3}$마리밖에 안 되네요! 이렇게 포기하는 게 적은 게 상대적으로 잘한다는 의미군요!"

"창민이가 계산이 빨라 그런지 정말 잘 이해했네."

창민이는 으쓱하며 이어서 말했다.

"로빈슨이 물고기 한 마리를 잡기 위해 포기해야 하는 코코넛은 $\frac{3}{2}$개, 프라이데이가 물고기 한 마리를 잡으려고 포기하는 코코넛은 세 개예요. 물고기를 잡는 데 있어선 로빈슨이 포기하는 게 적은 거죠! 로빈슨이 상대적으로 물고기를 잘 잡네요!"

"맞아, 모든 걸 다 상대보다 못해도 상대적으로 잘하는 건 있기 마련인데, 이런 걸 '비교 우위'라고 해. 비교 우위가 있는 걸 전문적으로 생산(특화)해서 교역하면 선진국과 개발도상국 간의 거래에서도 서로에게 이익이 되는 거야."

나 선생의 말에 재연이가 떨떠름한 표정으로 말했다.

"서로 교역해서 이익이 된다는 건 이해가 돼요. 하지만 이런 논리는 문제가 있어요. 왜냐면 선진국은 첨단 산업을, 개발도상국은 단순 생산을 상대적으로 잘하면, 개발도상국에서는 언제 첨단 산업을 발전시킬 수 있겠어요?"

"우와! 그런 생각까지 했구나. 재연이 말대로 개발도상국의 첨단 산업 발전이 지체되는 문제도 있지."

"이 문제는 좀 더 고민해 보면 좋겠어요. 세계가 공정한 사회가 되려면 말이에요."

재연이의 제안에 나 선생이 미소를 지으며 말했다.

"그래, 이 문제는 다음 수업시간에 함께 고민해 보도록 하자. 교역이 서로에게 이득이 된다는 건 잊지 말고! 이제 아까 본 영화 얘길 다시 해 볼까?"

"아, 그거! 상용이가 시라노보다 연애 기획도, 투자도 다 잘한다고 해도요. 만약 연애 기획을 하느라 포기하는 게 시라노보다 크다면 시라노에게 맡기는 게 합리적이긴 하겠어요."

"그렇긴 한데, 사랑은 돈으로 사는 게 아니잖아요? 사랑하는 사람을 위해 이벤트를 준비하고 기획하는 건 본인이 직접 해야 진정한 사랑이 아닐까요? 돈으로 합리성을 따지는 건 반대예요!"

경호의 말에 이어 시현이가 힘주어 말했다.

"역시, 로맨틱 아티스트네. 그럼 오늘 수업 끝!"

* 경제 개념: 절대 우위, 비교 우위, 특화, 교환의 이익, 교역 조건
* 수학 개념: 비와 비례, 문자와 식

Q1. 선진국이 개발도상국과 교역하면 어떤 이득을 얻을 수 있을까요?

컴퓨터와 운동화의 생산성이 모두 뛰어난 선진국 A와 그에 비해 모든 면에서 생산성이 떨어지는 개발도상국 B가 교역을 하려고 합니다. 다음 표를 참고해 각 국가의 컴퓨터와 운동화 생산성을 비교해 보고, 두 나라가 교역을 하면 각각 어떤 이득을 얻을 수 있을지 알아봅시다. (두 국가가 동일하게 120명의 노동력과 8시간을 투입했을 때의 생산성입니다).

120명이 8시간 노동했을 때 두 국가의 생산성

	컴퓨터	운동화
A	24대	8켤레
B	3대	6켤레

A와 B 두 나라가 교역을 해서 이득을 얻으려면 서로 '비교 우위'가 있는 재화를 전문적으로 생산해 교역하면 됩니다. 상대보다 적은 기회비용으로 생산할 수 있을 때, '비교 우위가 있다'고 말해요.

A는 B보다 컴퓨터도 운동화도 동일한 시간과 노동력으로 더 많이 만듭니

다. 이렇게 절대적으로 생산 능력이 뛰어날 때는 '절대 우위'가 있다고 말합니다. A는 컴퓨터 생산과 운동화 생산 모두에서 절대 우위가 있는 것이죠.

그렇지만 운동화 생산을 위해 포기해야 할 컴퓨터 양을 비교해 보면, B가 A에 비해 적습니다! A는 운동화 한 켤레를 생산하기 위해 컴퓨터 세 대를 포기($24:8=x:1$)해야 하지만 B는 컴퓨터 $\frac{1}{2}$대만 포기($3:6=x:1$)하면 되니까요. 즉, 운동화 생산에 있어서 B가 비교 우위를 갖습니다. 각 상품 한 단위 생산에 대한 기회비용을 다음 표에 정리해 볼게요.

각 상품 한 단위 생산에 대한 기회비용

	컴퓨터 1대의 기회비용	운동화 1켤레의 기회비용
A	운동화 $\frac{1}{3}$켤레	컴퓨터 3대
B	운동화 2켤레	컴퓨터 $\frac{1}{2}$대

A는 컴퓨터 생산에 비교 우위를 갖네요. 컴퓨터 한 대를 생산하기 위해 포기해야 하는 운동화 생산량이 B보다 적으니까요.

ⓘ 모든 상품에 대해 생산성이 떨어지는 국가라도 한 가지는 비교 우위를 갖게 되어 있어요! 단, 두 국가가 두 상품에 갖는 생산성의 비가 동일하지 않다면요.

Q2. 이제 A, B 두 국가가 얻는 교역의 이득을 구체적으로 알아볼까요?

교역하기 전 120명의 노동력을 투입해 A는 컴퓨터 열여덟 대와 운동화 두 켤레를, B는 컴퓨터 한 대와 운동화 네 켤레를 생산하고 있었다고 해 봅시다. 교역을 시작해서 A는 컴퓨터만 스물네 대를 생산하고, B는 운동화만 여섯 켤레를 생산한 후, A의 컴퓨터 두 대와 B의 운동화 두 켤레를 교환한다고 가정하고 생산량의 변화를 살펴볼게요. 교역 결과는 다음 표와 같습니다.

교역 전과 후, 소비량 변화

	교역 전 소비량		교역 후 생산량		교역 후 소비량	
	컴퓨터	운동화	컴퓨터	운동화	컴퓨터	운동화
A	18대	2켤레	24대	0켤레	22대	2켤레
B	1대	4켤레	0대	6켤레	2대	4켤레

두 국가 모두 교역 전에 비해 소비량이 증가했지요? 이렇게 모든 재화의 생산성이 뒤처지는 국가도 다른 나라보다 적은 기회비용으로 생산할 수 있는 상품을 전문적으로 생산해 교역하면 서로에게 이득이 된다는 게 '비교 우위론'입니다.

Q3. 컴퓨터와 운동화를 꼭 1:1로 교환해야 할까요?

꼭 1:1일 필요는 없어요. A는 컴퓨터 한 대를 포기하면 운동화 $\frac{1}{3}$켤레를 생산할 수 있고, B는 컴퓨터 한 대를 포기하면 운동화 두 켤레를 생산할 수 있습니다. 따라서 컴퓨터와 운동화를 1:$\frac{1}{3}$부터 1:2 사이에서 교환하면 두 쪽 다 만족할 수 있는 결과를 얻게 되죠. 물론 교환 비율을 어떻게 결정하는지에 따라 한쪽 국가가 더 유리할 수도 있어요. 그건 해당 국가의 협상 능력에 달려 있답니다.

태양이 불공정한 경쟁자라고?

찬반 토론으로 알아보는 자유 무역과 보호 무역

"오늘은 두 모둠으로 나눠서 토론을 해 보자!"

"토론이요?"

나 선생의 제안에 시현이가 놀란 눈으로 물었다.

"지난 시간에 알파벳 게임을 하면서 무역을 하면 서로에게 이득이 된다는 걸 확인했었지? 그때 재연이가 선진국은 첨단 산업을, 개발도상국은 단순 생산을 상대적으로 잘한다면, 개발도상국은 첨단 산업을 발전시킬 수 없을 거라고 했잖아. 모두 기억하지? 오늘은 이 부분에 대해 함께 생각해 보려고 해!"

나 선생은 아이들에게 다음 두 글을 나눠 줬다.

탄 원 서[2]

존경하는 의원님들께.

우리 조명업자들은 경쟁사와의 불공정한 경쟁으로 인해 막대한 손실을 보고 있습니다. 빛을 생산함에 있어 경쟁사는 매우 우월한 조건을 갖고 있어 이미 믿기지 않을 정도의 싼 가격과 좋은 품질로 시장을 장악하고 있습니다. 경쟁사가 나타나면 우리 제품의 판매는 중단되고 모든 소비자가 경쟁사에만 몰려듭니다.

저희의 경쟁사는 바로 '태양'입니다. 저희에 비해 지나치게 월등한 조건에서 빛을 생산해 내는 태양 때문에 극심한 어려움을 겪고 있습니다. 그러니 이 불공정한 상황을 시정할 수 있는 법을 만들어 주시기 바랍니다.

국민 모두가 낮에는 암막 커튼을 쳐서 햇빛이 집으로 들어오지 않도록, 부디 햇빛을 차단할 수 있는 법을 제정해 주십시오. 그래야 국내 조명산업이 발전하지 않겠습니까?

조명업자 일동

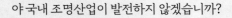

여섯 살 내 아들은 일자리를 구해야 한다![3]

내게는 여섯 살 아들이 있다. 나는 현재 아들의 의식주 비용과 교육 및 의료 비용을 지불하고 있다. 아들은 나에게 의존하여 생활하고 있지만 스스로 생활비를 벌 수 있는 충분한 능력이 있다. 내 아들 또래의 아이들 수백만 명은 이미 일을 하며 돈을 벌고 있다. 아이가 경쟁에 더 많이, 더 빨리 노출될수록 아이가 성장하는 데 도움이 되고, 앞으로 더 힘든 일을 감당할 수 있는 정신력을 갖추게 될 것이다.

여러분은 나를 보고 미친 사람이라고 욕할 수도 있다. 내게 아이를 보호하고 양육해야 한다고 말할 것이다. 물론 지금 아이를 노동 시장에 몰아넣는다면 뇌수술 전문의나 물리학자가 되기는 힘들 것이다. 하지만 아이는 약삭빠른 구두닦이 소년이 될 수도 있고 남들보다 일찍 부유한 상인이 될 수도 있다.

두 글을 읽은 친구들의 반응이 뜨거웠다.

"이 조명업자들 뭐냐! 태양이 경쟁자라고? 진짜 웃긴다!"

"모든 집에서 암막 커튼을 치게 법을 만들어 달래!"

"칼럼도 이상해. 여섯 살짜리 아들에게 구두를 닦게 한다고?"

웃기는 청원이라고, 말로 안 되는 주장을 하고 있다고 저마다 이야기했다.

"선생님, 이게 저희 토론 주제랑 무슨 관련이 있어요?"

재준이가 물었다.

"우리나라가 이제 막 자동차를 만들기 시작한 때라고 생각해 보자. 사람들이 국산 자동차를 사야 국내 자동차 업체들이 계속 자동차를 개발하고 생산할 수 있는데, 외국에서 값싸고 품질 좋

은 차가 들어오면 어떨까? 이때 국내 자동차 업체에서는 자동차 수입을 막아달라고 하는 게⋯⋯."

"조명업자들이 태양을 막아 달라는 것과 같지 않냐, 그 얘기군요?"

"억지로 수입을 막고 국내 산업을 나라가 보호하자는 건 이처럼 우스꽝스러운 일이니 자유 무역을 해야 한다는 거겠네요."

재준이가 말하자 창민이가 이어서 말했다.

"아, 그럼 어린 아들에게 구두 닦는 일을 시키는 게 말이 안 되는 것처럼 막 성장하기 시작하는 산업에 대해서는 일정 기간 동안 보호가 필요하다는 얘기죠?"

이번에는 재연이가 말했다.

"다들 금방 이해했구나. 그럼 자유 무역을 찬성하는 입장과 반대하는 입장으로 모둠을 나눠 보자!"

선아, 경호, 창민이가 찬성 입장, 재연, 규현, 재준, 시현이가 반대 입장에 섰다.

"그럼 3대 4로 마주 보고 앉아 볼까? 각 모둠별로 15분간 논의하고 토론을 시작할 거야. 스마트폰으로 자료를 찾아도 돼!"

모둠별 논의 시간이 주어지자 아이들은 서로 머리를 맞대며 검색하고 의견을 주고받는 등 열기가 대단했다.

비교 우위,
자유 무역과 보호 무역, 무엇이 답일까?

 자, 그럼 시작해 볼까? 찬성 입장부터 먼저 주장해 주세요.

 조명업자들의 탄원서 보셨죠? 이 얼마나 어처구니없는 내용입니까? 외국에서 싼값에 생산되는 걸 수입하고, 우리가 상대적으로 잘하는 걸 개발해서 수출해야 서로에게 이익이죠! 저희 부모님 어릴 때는 일본에 가면 코끼리 밥솥이란 걸 사 왔다고 해요. 우리나라 전기밥솥보다 훨씬 성능이 좋았기 때문이죠. 지금 외국산 제품이 쏟아져 들어와도 우리나라 제품의 경쟁력이 떨어지지 않는 게 왜 그런 줄 아십니까? 한때 우리나라는 국내 산업을 보호한다고 외국 전자제품의 관세를 엄청 높게 매기고 수입도 제한했어요. 그렇게 경쟁이 느슨해지자 국내 전자제품 회사는 혁신적인 제품 개발을 할 필요가 없어진 거죠. 왜냐, 그렇게 하지 않아도 사람들이 사니까요! 그런데 관세를 내리고 수입량 제한을 풀자, 국내 전자제품 회사들은 발등에 불이 떨어졌어요. 생존에 위협을 받으니 그제서야 더 좋은 제품을 개발했습니다! 이처럼 경쟁을 해야 발전이 있습니다! 자국 산업을 보호하기만 한다면 결국 우리나라 산업 발전이 저해될 겁니다.

 우리나라에서 처음 선보인 자동차 포니를 아십니까? 품질이 좋지는 않았지만 국민들에게 무척 사랑받았어요. 우리 자동차 산업이 걸음마 단계일 무렵, 외국에서 싸고 좋은 차가 많이 들어왔다면 지금처럼 자동차 산업이 발전할 수 있었을까요? 요즘은 거리에서 외국 소형차들을 많이 볼 수 있지만 당시엔 보기 드물었습니다. 외국 자동차는 수입을 거의 안 하고, 하더라도 대형 고급차만 아주 조금 했어요. 물론 관세도 많이 부과해서 어마어마하게 비쌌죠. 처음 시작한 자동차 산업을 보호하기 위해서였지요. 아무래도 처음 만들다 보면 품질도 가격 경쟁력도 떨어질 수 있어요. 그래도 자국 내에서 소비를 해야 산업을 계속 발전시킬 수 있는 거라고요! 우리나라가 한참 동안 새로 성장하는 산업들에 대해 보호해 줬기에 이렇게 눈부신 성장이 가능했던 게 아닐까요?

 맞습니다! 언제까지나 보호를 하자는 게 아닙니다. 걸음마 단계의 산업에 대해 어느 정도 성장할 때까지만 보호하자는 거예요. 여섯 살 난 아들을 경쟁으로 내몰면 당장 돈은 벌 수 있을지 몰라도 더 훌륭한 사람이 될 수 있는 가능성을 막는 거니까요!

'어느 정도 성장할 때까지'라고 하는 게 얼마나 모호한 말입니까? 경쟁에 노출되고 생존에 위협을 받지 않으면 안이해지기 마련이에요. 가전제품만 해도 시장 개방으로 경쟁에 노출되면서부터 좋은 제품이 쏟아져 나왔다고요!

맞아요. 게다가 새로 시작한 산업이라고 무조건 보호하다 보면 비효율적인 산업이 늘어날 수 있습니다. 옛날에 제주도에서 바나나, 파인애플을 생산했던 거 아십니까? 필리핀에서는 별다른 장비 없이 대량 생산하는 바나나, 파인애플을 우리나라에서 재배하려면 비닐하우스를 비롯해 아주 많은 장비가 필요해요. 비용이 어마어마하게 드는 거죠. 예전에는 외국산 과일도 수입량을 제한하고 관세도 많이 매겨서 바나나가 엄청 비싸게 팔렸다는군요. '바나나 산업을 시작했으니 보호한다'며 외국산 과일을 수입하지 않으면 우리나라 소비자들이 손해를 보게 됩니다. 자유 무역을 막고 보호 무역을 해야 한다고 주장하는 건 소비자가 다양한 상품을 저렴하게 구입할 수 있는 기회를 ~~빼앗는~~ 거예요!

 열대과일을 우리나라에서 생산한다는 건 너무 극단적인 예시인 것 같네요. 먹을거리에 대한 얘기가 나와서 말입니다만 수입하는 게 훨씬 저렴해도 우리나라에서 일정 비율의 식량 생산량을 유지해야 한다고 생각합니다. 경쟁력에서 뒤처진다면 나라에서 보조를 해서라도 말이에요. 물론 농지가 넓은 미국에서는 밀은 말할 것도 없고 쌀도 우리나라보다 적은 비용으로 재배할 수 있습니다. 하지만 전쟁이라도 나서 수출길이 막히면 어떻게 될까요?

 전쟁까지는 아니더라도 자기네 요구를 들어주지 않으면 식량을 수출하지 않겠다고 하거나 수출 가격을 갑자기 높일 수도 있어요. 식량이 무기가 될 수 있는 거죠. 그러니 새로 성장하는 산업뿐 아니라 농·축산업에 대해서도 나라에서 보호할 필요가 있습니다.

 우리나라는 칠레와의 자유 무역 협정(FTA)을 시작으로 굉장히 많은 나라와 자유 무역 협정을 체결했습니다. 그때마다 농·축산물 수입에 대한 반발은 엄청났고요. 하지만 지금은 어떻습니까? 다양한 과일을 저렴하게 맛볼 수 있고 육류, 수산물도 선택의 폭이 훨씬 다양

해지지 않았나요? 게다가 경쟁력을 높이려고 우리나라
과일, 육류, 수산물은 품질이 더 좋아지고 있어요! 혹시
'킹스베리'를 아세요? 달걀보다 큰 딸기인데 보통 딸기
보다 당도가 훨씬 높아요. 당도는 높지만 열량은 낮은
고당도 토마토도 인기고요. 요즘 우리나라 과일은 세계
적으로 품질을 인정받아 수출도 많이 합니다. 상품 경
쟁력을 높이기 위해 노력하다 보니 나온 결과가 아닐
까요?

자유 무역 협정으로 힘들어진 농가도 많습니다. 가령 값싼 외국산 밀가루에 비해 우리나라 밀은 가격 경쟁력이 떨어지겠지요. 하지만 먼 곳에서 배로 수송해 오는 외국산 밀은 상하지 않고 유통시키기 위해 방부제를 엄청나게 많이 사용해요. 가정뿐만 아니라 밀가루를 이용하는 제과제빵 업체들, 국수를 만드는 곳들은 저렴하다는 이유로 외국산 밀을 사용하겠지요. 결국 우리나라 사람들의 건강을 해치는 꼴이에요. 애써 건강한 밀

을 키우지만 외국산 밀과의 가격 경쟁에서 밀려 힘들어하는 국내 농가들도 많습니다. 소비자들의 선택권을 강조하시지만 결국 가격 경쟁력에 밀려 국산 농산물을 선택하지 못하게 될 겁니다.

너무 먹을거리에 대한 논의로 와 버린 것 같네요. 걸음마 단계의 산업을 보호해야 한다는 쪽에 좀 더 집중해 보죠. 상대적으로 잘하는 걸 전문적으로 생산해 교환하자는 '비교 우위론'에 따르면 개발도상국에서는 언제까지나 첨단 산업은 발전할 수 없다는 점! 저는 이 점을 강조하고 싶습니다.

맞아요. 선진국들을 보면 제국주의 시대 열강들 아닙니까? 식민지를 개척해서 그 나라 사람들을 노예로 삼고 착취하면서 산업이 발전해 온 거라고요! 아직도 배고픔에 허덕이는 나라에 비교 우위론을 내세우며 이렇게 하는 게 서로에게 좋다고 하는 건 '너희는 계속해서 단순한 산업에 머물러 있어라! 부가가치가 높은 첨단 산업은 우리가 계속 발전시킬 거야. 그럼 너희는 그걸 사면 되잖아?'라고 하는 것과 같아요.

그렇죠! 이제 막 사다리를 오르려는 사람한테 그따위 것 필요 없다며 사다리를 걷어차는 꼴이라고요!

여러분이 개발도상국의 소비자라고 생각해 봐요. 우리나라 자동차 산업 초창기를 생각해 보면 될 거예요. 물론 당시 우리나라 사람들은 품질 좋고 가격도 괜찮은 외국 차를 소비할 수 없었습니다. 우리나라 소비자들에게 손해가 된 점 인정합니다. 하지만 국가가 자동차 산업을 보호했기에 국내 소비자들의 수요를 바탕으로 현대자동차가 성장할 수 있었어요. 비교 우위론은 딱 한 시점에서 볼 때 서로 이익이 된다는 걸 주장해요. 장기적 관점에서 유치 산업을 보호해서 얻을 수 있는 이득은 고려하지 못한다는 거예요. 자동차 산업을 보호했기에 기술 혁신을 이루면서 발전해 온 거잖아요?

자동차뿐만 아니죠! 스마트폰도 그렇고. 아까 가전제품들이 경쟁에 노출되어서 발전했다고 주장하셨지만 보호되고 있는 동안 쌓아 온 노하우와 실력이 있었기에 가능했던 거라고요! 처음부터 경쟁에 노출되었으면 산업이 아예 싹트지도 못했을 겁니다.

재준이가 흥분해서 말하던 중, 나 선생이 말했다.

와, 찬반 논의가 정말 쟁쟁하다. 우리나라의 경우도 유치산업을 보호했기에 발전할 수 있었던 측면이 있고, 또 경쟁을 통해 더 좋은 제품이 만들어진 측면도 있을 거야. 자유 무역을 하면 소비자들이 다양한 선택을 할 수 있다는 좋은 점이 분명히 있어. 장기적으로 볼 때는 유치산업 보호로 인한 기술 발전이 국내 소비자, 생산자 모두에게 좋을 수 있고. 현대자동차나 삼성전자 모두 초창기에 산업 보호를 통해 성장하긴 했지만 지금은 자유 무역을 통해서 더 급속하게 성장한 측면도 있어.

맞아요! 삼성의 스마트폰, 현대의 자동차 모두 세계 시장을 무대로 하다 보니 훨씬 많이 팔리는 거잖아요.

그래, 게다가 생산 규모가 커질수록 한 개 생산하는 데 들어가는 비용은 낮아지니, 비용 절감도 돼서 가격 경쟁력도 생겨. 여러 나라 제품들과 경쟁해야 하니 점점 더 좋은 제품을 개발하기도 하고 말이야.

그럼 자유 무역도 보호 무역도 모두 옳다는 거예요?

상반된 주장을 하는 두 사람 모두 노벨상을 받을 수 있는 학문이 경제학이야! 찬성 쪽, 반대 쪽 모두 나름의 논리로 토론을 정말 잘했어! 오늘의 승부는 무승부야!

아니, 저희가 더 잘했는데요?

무슨 말씀! 우리가 더 잘했지!

두 모둠 다 우승이야! 그런 의미에서 우리 햄버거 먹으러 갈까?

 네! 좋아요!

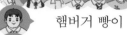 햄버거 빵이 외국산 밀로 만든 거면 너흰 먹지 마라!

그런 게 어딨냐?

실험경제반 친구들은 서로 티격태격하면서도 즐겁게 햄버거 가게로 향했다.

* 수학 개념: 집합, 명제

Q1. 지현 씨와 가장 잘 어울리는 문장을 고르세요.

지현 씨는 31세 여성으로, 직설적이고 아주 똑똑합니다. 대학에서 철학을 전공했고, 차별과 사회 정의에 깊은 관심을 보였으며 반핵 시위에도 참여했습니다. 다음 중 어떤 문장이 지현 씨와 가장 어울리나요?

지현 씨는 초등학교 교사다.	
지현 씨는 서점에서 일하고, 요가 수업을 듣는다.	
지현 씨는 여권 운동에 적극적이다.	
지현 씨는 정신보건 사회복지사다.	
지현 씨는 은행 창구 직원이다.	
지현 씨는 보험 영업 사원이다.	
지현 씨는 은행 창구 직원이고, 여권 운동에 적극적이다.	

- -

"지현 씨는 '은행 창구 직원'과 '여권 운동에 적극적인 은행 창구 직원' 둘 중 어느 쪽이 더 잘 어울리나요?" 하고 물으면, 대부분의 사람들은 '여권 운동에 적극적인 은행 창구 직원'이라고 답한다고 합니다.

지현 씨는 여권 운동에 적극적인 사람의 이미지와 아주 잘 어울리고, 서점에서 일하고 요가 수업을 듣는 사람과도 꽤 잘 어울립니다. 왠지 은행 창구 직원이나 보험 영업 사원은 아닌 것 같네요.

그러나 지현 씨가 '은행 창구 직원'보다 '여권 운동에 적극적인 은행 창구 직원'일 가능성은 낮을 수밖에 없습니다. 벤다이어그램을 그려 보면, '여권 운동을 하는 은행 창구 직원'이라는 집합은 '은행 창구 직원' 집합 안에 포함되니까요.

이 문제는 2002년 노벨 경제학상을 수상한 심리학자 대니얼 카너먼(Daniel Kahneman)이 자신의 논문에 게재한 내용이에요. 카너먼과 진화심리학자인 아모스 트버스키(Amos Tversky)는 다음과 같이 말했답니다.

"우리의 직관과 통계학적인 계산 결과가 다르게 나온다면 직관이 틀린 것인가, 통계학이 틀린 것인가?"

이 문제는 직관적인 판단과 논리가 상충되는 대표적인 사례예요. 실험경제반 친구들이 자유 무역과 보호 무역을 주제로 찬반 토론을 했는데요. 거기서 어떤 친구는 애국심을 강조하기도 하고, 어떤 친구는 냉철한 논리를 바탕으로 주장을 펼치기도 했죠. 모두 훌륭한 토론을 이어가긴 했지만 토론을 할 때는 직관에 호소하기보다는 논리적인 사고로 근거를 제시해야 한다는 점을 꼭 기억하세요!

Q2. 재연이와 규현이의 대화 내용이 모두 참이라 할 때, [보기]에서 항상 참인 것은 무엇일까요?

재연: 논리적인 사람은 경제를 좋아해.

규현: 사고력이 있는 사람은 논리적인 사람이야.

[보기]

① 논리적이지 못한 사람은 경제를 좋아하지 않는다.

② 경제를 좋아하는 사람은 사고력이 있는 사람이다.

③ 사고력이 없는 사람은 경제를 좋아하지 않는다.

④ 사고력이 없는 사람은 논리적인 사람이 아니다.

⑤ 경제를 좋아하지 않는 사람은 사고력이 있는 사람이 아니다.

우선 조건 '논리적인 사람이다'를 p, 조건 '경제를 좋아하는 사람이다'를 q, 조건 '사고력이 있는 사람이다'를 r이라고 해 볼게요.

$p \rightarrow q$, $r \rightarrow p$ 두 명제는 항상 참이라고 주어졌습니다(명제는 참인지 거짓인지 분명하게 판별할 수 있는 문장이나 식을 말해요). 어떤 명제가 참이면 그 명제의 가정과 결론을 각각 부정하여 위치를 바꾼 것(이걸 '대우'라고 불러요)도 참이 됩니다.

논리적인 사람(가정)은 경제를 좋아한다(결론)······①

명제①에서 가정과 결론을 모두 부정해서 위치를 바꿔 볼게요. '경제를 좋아하지 않으면(결론을 부정하고 위치를 가정으로 바꿈) 논리적이지 않다(가정을 부정하고 위치를 결론으로 바꿈).'

경제를 좋아하지 않으면 논리적이지 않다······②

②를 ①의 대우라고 표현합니다. 명제①이 참이면 그것의 대우인 ②도 참입니다. (명제 p → q의 대우는 ~q → ~p로 표현해요.)

p → q, r → p가 참이면, r → q도 참이에요. 즉, '사고력이 있는 사람은 경제를 좋아한다'는 참이지요. 이때 이 명제의 대우인 '경제를 좋아하지 않는 사람은 사고력이 있는 사람이 아니다'도 참이 됩니다. 따라서 [보기]의 ⑤도 항상 참입니다. 어떤 참인 명제가 주어질 때, 그것의 대우도 참이 된다는 것을 꼭 기억해서 논리적 근거를 제시해 보세요.

Q3. 여러분이 산초 판사라면 어떤 판결을 내리겠습니까?

미겔 데 세르반테스(Miguel de Cervantes)의 소설 《돈키호테》에 다음과 같은 이야기가 나옵니다.

돈키호테의 추종자 산초는 어떤 섬의 판사가 되는데, 그는 섬을 방문하는 사람들에게 '무엇을 하러 여기에 왔는지 물어서 진실을 말하는 사람은 통과하지만 거짓말을 하면 교수형에 처한다'고 선포합니다. 어느 날 한 남자가 섬으로 들어와 '교수형을 당하러 왔다'고 답했습니다. 담당 병사들은 당황했어요. 논리적으로 따져 보면, 그 남자를 통과시키면 그는 거짓말을 한 게 되니 처형해야 합니다. 하지만 그를 처형하면 그가 진실을 말한 것이 되므로 처형할 수 없고 그냥 통과시켜야 합니다.

여러분이라면 어떻게 판결을 내리실래요?

《돈키호테》에서 산초는 다음과 같이 말합니다.

"그 남자를 그냥 통과시켜라. 이것은 내가 머리를 쥐어짜서 내린 결론이 아니다. 판단하기 어려울 때는 자비의 길을 취하라는 내 주인 돈키호테의 가르침이다."

토론할 때나 어떤 결정을 할 때 논리적으로 사고하는 것은 꼭 필요합니다. 하지만 지나치게 논리에 집착하고 그 상황에 빠져 있으면 오히려 합리적 판단을 하지 못할 수도 있어요. 때로는 한 발 물러나서 한 단계 위에서 전체를 봐야 할 때도 있답니다.

04

빅맥 가격으로
환율이 적정한지 평가한다고?

햄버거를 먹으며 배우는 환율 결정과 변동

햄버거 가게에 도착하자 나 선생은 실험경제반 친구들에게 제안했다.

"얘들아, 오늘은 빅맥 세트로 통일하는 거 어때?"

"네, 좋아요."

"전 새우 버거 세트 먹을래요."

경호가 말했다.

"좋아, 다른 친구들은 빅맥 세트 괜찮고?"

"네!"

"빅맥 세트 일곱 개, 새우 버거 세트 한 개요!"

나 선생은 카운터에서 주문하고, 진동 벨을 받았다.

환율 변동,
외화의 가격도 수요와 공급에 의해 결정된다

"빅맥 세트로 주문하자고 해서 미안! 오늘 빅맥을 먹으면서 하고 싶은 얘기가 있어서 말이지. 혹시 외국에서 빅맥 먹어 본 사람?"

"저요! 저는 뉴욕에서 먹어 봤어요."

"전 일본에서요!"

나 선생의 질문에 재준이와 시현이가 말했다.

"어땠어?"

"뭐, 맛이야 다 비슷하죠."

재준이와 시현이가 입을 모아 답했다.

"모양도 맛도 비슷한 상품이니까 같은 가치에 팔린다고 생각해 보자. 만약 빅맥이 미국에서 5달러고, 우리나라에서 5,000원이라면 원화와 달러는 몇 대 몇으로 교환하는 게 맞을까?"

"1달러에 1,000원?"

나 선생의 질문에 창민이가 답했다.

"그래, 똑같은 빅맥을 5달러와 바꿀 수 있고, 5,000원과도 바꿀 수 있다면 5달러랑 5,000원이랑 바꿀 수 있는 셈이니까. 1달러랑 1,000원이랑 바꿀 수 있다고 보면 되겠다. 그런데 실제로 달러가 거래되는 시장에서는 1달러랑 1,200원이랑 바꿀 수 있다고 해 보자. 그럼 우리나라 원화의 가치가 실제보다 높게 평가된 걸까, 낮게 평가된 걸까?"

나 선생의 질문에 재준이는 고개를 갸웃거리며 물었다.

"말이 어려운데요?"

"그럼 다시 물어볼게. 실제로는 1달러와 1,000원이 동일한 가치(구매력)를 지니는데, 1달러랑 1,200원이랑 바꾸고 있다면 달러를 우리가 비싸게 사는 걸까, 싸게 사는 걸까?"

"비싸게 사는 거네요!"

"그래, 달러를 실제 가치보다 비싸게 사고 있다는 건 달러의 가치가 실제보다 높게 평가되었다고 할 수 있지 않을까? 반대로 생각하면, 우리나라 원화의 가치가 실제보다 낮게 평가된 거고 말이야."

모두들 고개를 끄덕였다.

"달러 같은 외국 돈을 '외화'라고 하는데, 외화를 우리 돈이랑 교환하는 비율을 '환율'이라고 불러. 1달러를 1,000원으로 교환한다면, '대미 환율(미국에 대한 환율)이 1,000원'이라고 하고. 환율

1,000원이란 건 결국 1달러를 1,000원으로 사는 셈이니까, 달러의 가격이라고 볼 수 있지 않을까?"

"그렇죠. 환율은 달러의 가격이네요."

"가격이라면 사과 시장에서처럼 수요와 공급에 의해 결정되는 건가요?"

선아와 재연이가 이어서 말했다.

"맞아. 달러 같은 외화가 거래되는 시장을 '외환시장'이라고 하는데, 환율은 외화의 수요와 공급에 의해 결정돼. 이렇게 세로축에 가격 대신 환율을 넣으면 돼."

나 선생이 냅킨에 그래프를 그리며 말했다.

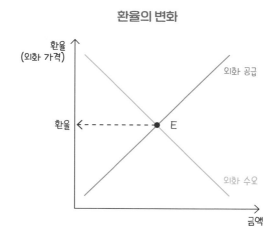

환율의 변화

"달러가 필요할 때는 언제일까?"

"미국에 여행갈 때요!"

"누나가 미국에서 유학 중인데 부모님이 매달 달러를 보내요!"

"우리나라 회사가 미국에 진출해서 공장을 세운다면 달러가 필요하겠네요."

"수입할 때도요! 미국에서 생산한 제품을 사려면 달러를 내야겠죠!"

실험경제반 친구들이 앞다투어 대답했다.

"맞아. 너희가 얘기한 해외 여행, 해외 유학, 해외 투자, 수입 등이 달러의 '수요'에 해당 돼."

"그럼 이제 달러가 우리나라에 들어오는 공급을 물어보실 거죠?"

나 선생의 말에 경호가 바로 이어서 말했다.

"응, 언제 우리나라에 달러가 공급될까?"

"반대로 생각하면 되죠! 우리나라 제품을 수출하면 대가로 달러를 받겠죠!"

"외국인이 우리나라에 유학을 오면 달러가 공급되겠어요!"

"외국인이나 외국 회사가 우리나라에 투자를 해도 그렇고요!"

경호가 말하자 시현이와 재준이가 덧붙여 말했다.

"맞아. 외국인 투자, 외국인의 국내 유학, 수출 등이 달러의 '공급'이야. 우리나라가 수출을 많이 하고, 외국인들이 우리나라에 여행을 많이 오고, 투자도 많이 하면 달러의 공급이 늘어나지. 달러의 공급이 늘어나면 달러의 가격은 어떻게 될까?"

"당연히 떨어지겠죠. 이렇게요!"

재연이가 수첩에 그린 그래프를 보여 주며 말했다.

공급에 따른 환율의 변화

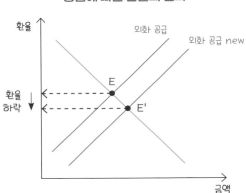

"그럼, 수입이 엄청 늘고, 우리나라 사람들이 해외 유학이나 여행도 많이 가고, 국내 기업이 해외 투자를 많이 하면?"

"달러의 가격이 올라가겠지요. 여기처럼요."

이번에도 재연이가 수첩에 그린 그래프를 가리키며 답했다.

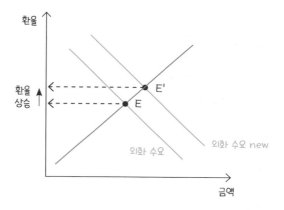

수요에 따른 환율의 변화

빅맥 지수,
빅맥 가격으로 환율이 적정한지 알 수 있다?

"근데 선생님, 외화라고 하면 여러 나라 돈이 있을 텐데 왜 꼭 달러를 얘기해요?"

"그게 제일 많이 쓰이니까 그렇지. 세계 경제의 중심, 미국!"

창민이의 질문에 경호가 답했다.

"경호 말이 반은 맞아. 미국 달러가 국제 거래를 할 때 결제 수단으로 가장 많이 사용되는 '통화(돈)'거든."

"다른 나라 돈도 국제 거래에서 쓰이나요?"

"미국 달러, 유로, 엔, 영국 파운드 정도가 국제 거래에서 사용

빅맥의 달러 환산 가격

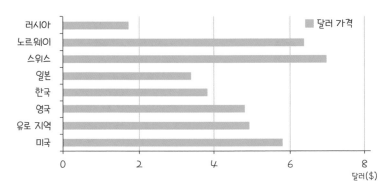

되는 통화야. 이런 걸 '국제결제통화'라고 해. 여러 국제결제통화 중에서 미국 달러가 가장 많이 사용되고 있어. 우리나라에서 환율을 결정할 때도 우선 달러의 수요와 공급에 따라 대미 환율이 정해지면, 그에 따라서 다른 화폐와 교환하는 비율이 정해져. 그런 의미에서 미국 달러를 기준이 되는 통화라는 의미의 '기축통화'라고도 불러."⁴

"미국 달러에 대한 환율이 중요하긴 하네요."

나 선생의 말에 재연이가 말했다.

"그런데 그렇게 결정된 환율이 실제 가치(구매력)를 잘 반영하는지 볼 때, 빅맥을 활용하곤 해."

"왜 하필 빅맥이에요?"

시현이가 물었다.

"네가 일본에서 먹었던 빅맥도 맛이 비슷했다고 했잖아? 빅맥이 전 세계 어디에서나 동일한 품질로 팔리고 있기 때문이야. '똑같은 상품은 어디에서나 같은 가치로 팔린다'라고 생각하면, 각 나라의 빅맥 가격을 미국 달러로 바꿨을 때 값이 같아야겠지."

모두 배고픔도 잊은 채 나 선생의 말을 곰곰이 생각하며 듣고 있었다.

"2022년 1월 기준으로 우리나라 빅맥 가격은 4,600원, 미국은 5.81달러였어. '빅맥 = 4,600원 = 5.81달러'라고 생각해 봐. 그럼 미국 달러와 원화를 바꾸는 비율이 $\frac{4,600}{5.81}$ ≒ 791.74면 적정하다는 거지. 1달러랑 791.74원으로 동일한 물건을 살 수 있으니 동일한 가치란 뜻이야. 이런 걸 '구매력으로 평가한 환율'이라고 불러."

"1달러에 791.74원이라고요? 너무 싼데요?"

창민이가 실망한 투로 말했다.

"2022년 1월 기준으로 실제 외환시장에서 거래되는 환율은 1달러에 1,205.5원 정도였어."

"실제 환율 1,205.5원이 구매력으로 평가한 환율인 791.74원보다 높았으니까, 실제 환율에서 원화 가치가 구매력보다 낮게 평가되어 있었단 거네요."

재연이가 꼼꼼하게 따져서 메모하며 말했다.

"응, 빅맥 가격인 4,600원에 실제 환율을 적용해서 달러로 표시해 보면 3.82달러 정도가 돼."

"당시 미국에서 5.81달러였다고 했으니까 미국보다 쌌네요! 우리나라 물가가 미국보다 낮았나 봐요."

재준이가 말했다.

"빅맥 지수를 보고 물가를 비교하기도 하지만 그보다는 전 세계에서 동일한 물건은 동일한 가치로 팔려야 된다고 가정하고, 실제 환율이 적정하게 정해졌는지를 보기 위해 만들었대. 그렇게 따지면 1달러랑 791.74원이 구매력이 같은 거니까 적정 환율이 791.74원인 셈이잖아? 그런데 실제 환율이 1,205.5원이었으니 원화의 가치가 구매력보다 낮게 평가되어 있었다고 보는 거야. 재연이가 말한 것처럼 무려 34.25퍼센트나 저평가되어 있다는 거지. 이걸 '빅맥 지수'라고 해."[5]

빅맥 지수(2022년 1월 기준)

우리나라 가격	실제 환율	달러 환산 가격	구매력 평가 환율	실제 환율 평가
4,600원	1,205.5원	3.82달러	791.74원	-34.25%

* 출처: 〈이코노미스트〉에 발표된 2022년 1월 기준 빅맥 지수 참고

"와, 34.25퍼센트나 저평가되었다고요? 저희보다 통화 가치가 더 저평가되어 있는 나라도 있나요?"

나 선생의 대답에 규현이가 물었다.

"일본의 엔화는 구매력에 비해 실제 환율이 41.7퍼센트 저평가되어 있다고 나왔고, 러시아의 루블은 구매력에 비해 무려 70퍼센트나 저평가되어 있다고 해."

"세상에! 그럼 구매력보다 실제 환율이 고평가되어 있는 나라도 있나요?"

시현이가 놀란 표정으로 물었다.

"응, 스위스랑 노르웨이 딱 두 나라야. 구매력에 비해 실제 환율이 스위스는 20.2퍼센트, 노르웨이는 10퍼센트 고평가되어 있다고 나왔더라. 여기 그래프를 봐."

나 선생은 스마트폰으로 그래프를 찾아서 보여주며 말했다.

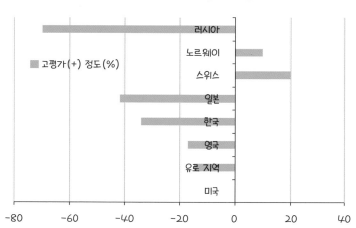

구매력 대비 실제 환율의 고평가(+) 정도(%)

"근데 빅맥이란 상품 하나의 구매력으로 환율의 적정성을 평가하는 건 정확하지 않을 것 같은데요?"

나 선생의 설명을 집중하며 듣고 있던 선아가 말했다.

"맞아. 각 나라의 빅맥에 대한 수요와 공급, 세금 등 가격을 결정하는 여러 요인이 반영되어 있지도 않고 말이야. 그래도 전 세계에서 규격화된 품질의 동일한 상품의 구매력으로 환율을 평가해 비교해 보는 게 흥미롭지 않니?"

나 선생의 말에 몇몇은 고개를 끄덕였다.

"재밌게 생각하는 사람들이 많아서인지 1986년부터 매년 영국의 경제전문지 〈이코노미스트〉에서 전 세계 국가의 빅맥 가격을 달러로 환산하고 비교해 빅맥 지수를 발표하고 있어. 요즘은 스타벅스 지수, 이케아 지수 등 비슷한 게 많아."

나 선생이 말을 마친 순간, 진동 벨이 울렸다.

"앗싸! 밥, 아니 햄버거 나왔다! 저희가 가져 올게요!"

경호와 창민이가 재빠르게 햄버거를 가지고 왔다. 오래 기다려 배가 고픈지 모두 맛있게 먹었다.

* 경제 개념: 엔, 원, 달러 환율
* 수학 개념: 합성함수

Q. 다음 상황에서 5만 원은 몇 달러와 바꿀 수 있을까요?

휴가 차 일본에 있는 친구 집에 방문했다가, 갑자기 경제 교육 행사 일정이 잡혀 미국으로 출장을 떠나게 된 나 선생. 미국으로 출국하기 전 일본 공항에 있는 환전소에서 급하게 갖고 있던 원화를 달러로 바꾸려고 합니다. 환전소의 안내문을 기준으로 나 선생이 5만 원을 달러로 바꾸면 얼마가 될까요?

| ¥95 = ₩1,000 | $1 = ¥100 |

일본 공항에서 5만 원을 달러로 바꾸려면, 먼저 원화를 엔화로 바꾼 다음에 달러로 바꿔야 할 거예요. 우선 x원을 y엔으로 환전하는 관계식을 구해 봅시다.

1,000원 : 95엔 = $x : y$이므로 둘의 관계식은 $y = \dfrac{95}{1,000} x$입니다. 이 관계식을 $f(x)$라고 합시다. $f(x) = \dfrac{19}{200} x$입니다.

x엔을 y달러로 환전하는 관계식도 구해 볼게요.

100엔 : 1달러 = $x : y$이므로, $y = \dfrac{1}{100} x$가 되겠죠?

그러면 관계식은 $g(x) = \dfrac{1}{100} x$입니다.

x원을 y달러로 환전하기 위해서는 원화를 엔화로 바꾸고 나서 엔화를 달러로 바꿔야겠지요? $f(x) = \frac{19}{200}x$의 x값에 제가 바꿀 원화의 금액을 넣어서 y값(함숫값)을 구하고, 그 값을 $g(x) = \frac{1}{100}x$에서 x값에 넣어서 구하면 됩니다.

두 변수의 관계를 함수라고 하잖아요? 원화와 엔화 둘 사이의 관계가 함수 f, 엔과 달러 사이의 관계가 함수 g인 셈이에요.

이 두 함수를 한 번에 합쳐서 원화와 달러 둘 사이의 관계식을 만들 수는 없을까요? 그렇다면 두 번 계산하지 않고 한 번에 x원이 몇 달러가 되는지 알 수 있을 테니까요. 앞에서 계산한 과정을 생각해 보면 함수 g의 x값에 함수 f의 y값(함숫값)을 넣은 셈이잖아요!

다시 쓰면, $g(f(x)) = g\left(\frac{19}{200}x\right) = \frac{1}{100} \times \frac{19}{200}x = \frac{19}{20,000}x$가 됩니다.

5만 원이 몇 달러로 환전되는지 알고 싶으면, 바로 $\frac{19}{20,000}x$의 x값에 5만 원을 넣으면 구할 수 있어요.

$\frac{19}{20,000} \times 50,000 = 47.5$이므로, 5만 원을 환전하면 47.5달러를 받았을 거예요.

이렇게 두 함수(관계)를 연결해서 하나의 함수로 만드는 걸 '합성합수'라고 합니다. 함수 f의 함숫값을 함수 g에 넣는 합성함수는 $g \circ f$라고 씁니다. $g(f(x))$와 같은 의미예요.

자유 무역 협정과 환율 변동은 모두 양면성이 있다

1) 자유 무역 협정이 미친 영향

자유 무역 협정(FTA, Free Trade Agreement)은 협정을 체결한 국가 간의 상품·서비스 교역을 자유롭게 하자고 약속하는 것입니다. 국경을 넘을 때 부과되는 세금인 관세나 수입량 제한 등의 무역 장벽을 점진적으로 없애서 상품과 서비스를 자유롭게 거래할 수 있도록 하는 거예요. 우리나라는 2004년 칠레와 최초로 자유 무역 협정을 맺었고 이후 미국, 유럽연합, 중국 등 굉장히 많은 나라와 자유 무역 협정을 맺었습니다. 그런데 자유 무역 협정을 체결한다는 소식이 들릴 때마다 반대 시위도 많이 일어났어요.

앞에서 상대적으로 잘하는 걸 전문적으로 생산해 교역하면, 교역에 참여한 국가 모두에게 이익이 된다는 비교 우위론을 살펴봤습니다. 자유 무역을 통해 같은 자원으로 더 많은 재화와 서비스를 생산할 수 있는 것이죠. 하지만 자유 무역을 모두가 옹호하는 건 아니에요. 반대하는 경제학자도 있어요. 그들은 개발도상국은 부가가치가 높은 산업을 발전시키기 어려워서 선진국과 개발도상국의 격차가 더 커진다고 주장하기도 해요.

자유 무역 협정을 맺으면 양쪽 국가에 모두 이익이 된다고 해도 손해를 보는 사람이 있을 수 있어요. 호주산 소고기, 칠레산 와인이 싸게 들어왔을

때 소비자는 선택의 폭이 넓어지지만 국내 축산업자나 와인업체는 반갑지
않았을 거예요. 국민 개개인마다 처한 상황도 다르고 가치관도 다르기 때문
에 자유 무역의 편익이 비용보다 크다고 보기도 하고 적다고 보기도 하는
거랍니다.

··

2) 환율 변동은 '짚신 장수와 나막신 장수' 이야기와 같다

　　비가 오면 짚신을 파는 아들을 걱정하고, 해가 쨍쨍하면 나막신을 파는
아들을 걱정하는 어머니 이야기 들어 보셨나요? 이 어머니는 비 오는 날이
나 맑은 날 모두 마냥 좋아할 수도 싫어할 수도 없었을 거예요.

　　그렇다면 환율은 오르는 게 좋을까요, 내리는 게 좋을까요? 이 문제는
짚신 장수와 나막신 장수 이야기처럼 양면이 있어요. 환율이 오르면 수출업
체는 환영하겠지만 수입업체는 힘들어져요. 환율이 올라 원화 가치가 떨어
지면 우리나라 상품이 외국에 나갔을 때 달러로 표시된 가격이 싸져서 수
출이 잘 될 수 있거든요. 반면, 수입하는 상품의 원화 표시가격은 오를 테니
수입업체는 손해를 볼 수도 있습니다. 외국에 여행을 가거나 유학을 간다면
환율이 내려가는 게 유리하겠죠?

제2장

통화 정책:
돈의 가치를
안정시키기 위한 노력

01

모든 국민이 1억 원씩 받으면
어떻게 될까?

물품 꾸러미 경매⁶로 알아보는 통화량과 인플레이션

"안녕, 애들아?"

"앗? 으하하! 오늘은 대통령이세요?"

대통령 가면을 쓰고 나타난 나 선생은 교단에 올라서더니 근엄한 목소리로 말했다.

"안녕하십니까. 사랑하는 국민 여러분! 요즘 경기가 좋지 않아 걱정이 많으시지요? 여러분 가정에 도움이 되고자 제가 선물을 준비했습니다. 모든 국민에게 1억 원씩 드릴 겁니다. 어떻습니까? 좋으신 분 박수 부탁드립니다."

"에잇, 믿을 수가 있어야죠."

창민이가 웃음을 참으며 말했다.

"정말 드립니다. 진짜라면 받으실 겁니까?"

나 선생의 질문에 창민이가 박수를 치며 답했다.

"네, 당연히 좋죠. 좋아."

"그럼 규현 씨는 어떻습니까?"

"네, 저도 좋아요."

"근데 그 많은 돈은 어디서 나오나요?"

의심스러운 목소리로 재연이가 묻자 나 선생이 말했다.

"돈은 만들면 됩니다."

통화량,
물품 꾸러미의 가격이 오른 이유는?

대통령 가면을 벗은 나 선생은 천연덕스럽게 말했다.

"얘들아! 대통령이 다녀가셨다며? 모든 국민에게 1억 원씩 주겠다고 하셨다는데? 우리 모두 1억 원씩 받으면 어떤 일이 벌어질까? 상상해 보자. 우리가 소비하는 재화는 어떤 게 있지?"

나 선생은 칠판에 아주 커다란 바구니를 그렸다.

"볼펜이요!"

"옷!"

"게임이요!"

"피자, 빵이요!"

나 선생은 큰 바구니 속에 아
이들이 말한 여러 가지 제품들
을 그려 넣었다.

"이 바구니에는 우리가 사용하
는 다양한 제품들이 담겨 있어."

나 선생은 교탁 밑에서 두툼한 봉투 세 개와 검정 바둑알이 가
득 담긴 지퍼 백을 꺼내며 말했다.

"이 봉투가 바로 이 바구니야."

봉투 위엔 매직으로 '물품 꾸러미'라고 쓰여 있었다.

"이제 이것들을 경매로 팔 거야!"

나 선생은 신나는 목소리로 말하며 실험경제반 친구들에게 지
퍼 백에 든 검정 바둑알을 한 줌씩 모두 나눠 줬다. 한 줌은 엿장
수 마음이라 나누는 양이 들쑥날쑥했다.

"선생님! 선아랑 재연이만 예뻐하시나 봐요. 쟤네만 많이 주셨
잖아요! 불공평해요!"

창민이가 따지듯 물었다.

"원래 세상이 좀 불공평하잖아? 그럼 경매를 시작해 볼까? 검

정 바둑알 하나는 1,000원이야. 각자 얼마씩 가지고 있는지 확인해 봐. 몇 명이 연합해서 경매에 참여해도 돼."

나 선생은 갑자기 경매사가 된 듯 힘찬 목소리로 물품 꾸러미(봉투)를 들고 소리치기 시작했다.

"우리들이 자주 소비하는 여러 물품과 서비스가 담긴 이 물품 꾸러미를 경매로 판매합니다! 물품 꾸러미는 세 번 판매할 거예요. 경매는 1,000원부터 시작합니다. 자, 첫 번째 물품 꾸러미입니다."

나 선생의 말이 끝나자마자 창민이가 외쳤다.

"1,000원!"

그렇게 시작된 경매는 3,000원, 1만 원으로 점점 높아지다 마지막에 재연이와 창민이가 연합해 외쳤다.

"1만 5,000원!"

"네, 1만 5,000원 낙찰입니다!"

재연이와 창민이는 물품 꾸러미를 받자마자 뜯어서 안에 무엇이 들어 있는지 확인했다.

"앗, 과자다! 초코칩 쿠키가 자동차래. 지금 먹어도 되죠?"

창민이는 과자에 붙여 둔 자동차라고 쓴 메모지를 가리키며 말했다.

나 선생은 칠판에 그려 둔 표에 낙찰 가격을 적었다. 그리고 다시 검정 바둑알이 가득 담긴 지퍼 백을 들고 말했다.

"이번에도 검정 바둑알 하나가 1,000원이야."

"바둑알 많이 주세요! 아까 너무 적게 주셨어요!"

창민이의 간절한 외침에도 나 선생은 알 수 없는 미소를 날리며 검정 바둑알을 한 줌씩 나눠 주었다. 이번에도 한 줌은 들쑥날쑥했다.

"아까 쓰고 남은 바둑알과 새로 받은 바둑알 모두 1,000원짜리 화폐야. 각자 얼마를 가졌는지 계산해 봐."

나 선생은 다시 물품 꾸러미라고 적힌 봉투를 들고 두 번째 경매를 시작했다.

"자, 경매 시작합니다. 최저가 1,000원부터 시작합니다!"

"5,000원!"

"6,000원!"

"7,000원!"

계속 낙찰 가격이 올라가더니 순식간에 3만 원을 넘어섰다.

"3만 4,000원!"

규현이가 외치자 잠시 정적이 흘렀다.

"더 안 계신가요? 없으시면 낙찰하겠⋯⋯."

"3만 5,000원!"

선아가 외친 뒤, 다시 조용해졌다.

"이젠 정말 낙찰인가요? 더 높은 가격을 부르실 분 없으면 낙찰입니다. 3, 2, 1 땡! 3만 5,000원에 선아에게 낙찰입니다!"

나 선생은 봉투를 선아에게 주었다. 선아가 봉투를 가방에 바로 집어넣으려고 하자 규현이가 말했다.

"에이, 꺼내서 같이 먹자! 과자에 무슨 물건이라고 붙여 두셨는지 궁금해!"

규현이와 선아는 봉투를 열어 이것저것 살피며 즐거워했다.

"자동차, 냉장고, 쌀, 석유…… 많기도 하다. 근데 석유라고 붙여진 딸기 샌드는 먹어도 되는 건가?"

나 선생은 칠판에 낙찰 가격 3만 5,000원을 적은 후, 교탁에 넣어 두었던 지퍼 백을 또 하나 꺼냈다. 이번에는 지퍼 백에 흰색 바둑알이 가득 담겨 있었다.

"자, 여러분! 이 흰색 바둑알은 하나에 5,000원짜리 지폐예요!"

"와! 이번에는 저에게 많이 주세요! 이미 낙찰받은 아이들은 주지 말고요!"

경호가 애타게 외쳤지만 나 선생은 아랑곳하지 않고 교실을 돌아다니며 아이들에게 지퍼 백에 든 흰색 바둑알을 모두 나눠 주곤 말했다.

"자! 아까 남은 검정 바둑알도 사용 가능해. 다들 본인이 가진 금액을 확인해 보고! 이제 마지막 물품 꾸러미네요! 경매 시작합니다! 최저가 1,000원부터 시작할게요."

"2만 원!"

이번엔 규현이가 2만 원을 외치면서 시작되었다.

"와, 2만 원이 시작가야? 엄청난데?"

"3만 원!"

"3만 5,000원."

"5만 원."

"아니 여러분, 1,000원씩 올릴 수 있는 건데……."

나 선생이 놀라며 말했지만 응찰 가격은
더 가파르게 올라갔다.

"17만 원!"

"17만 3,000원!"

1개 x 1,000원   1개 x 5,000원

"17만 4,000원!"

'앗싸! 이번엔 낙찰이다!'라고 생각한 규현이가 몸을 일으키려는 순간, 교실 한쪽에서 마지막 외침이 터져 나왔다.

"17만 5,000원!"

이번엔 조용히 지켜보기만 하던 시현이었다.

"더 안 계신가요? 3, 2, 1 땡! 마지막 물품 꾸러미는 시현이에게 낙찰입니다. 17만 5,000원!"

"아깝다! 시현이 너는 아무 말도 안 하다가 이러기야?"

규현이는 물품 꾸러미를 놓친 게 아직도 분한지 씩씩거렸고, 시현이는 말없이 물품 꾸러미를 받아들었다.

나 선생은 칠판에 세 번째 경매의 낙찰 가격을 쓰고 표 마지막 칸에 '통화량'이라는 단어를 적어 넣었다.

물품 꾸러미의 낙찰 가격

	첫 번째 경매	두 번째 경매	세 번째 경매
경매물	물품 꾸러미 1	물품 꾸러미 2	물품 꾸러미 3
낙찰 가격	15,000원	35,000원	175,000원
통화량			

"선생님, 통화량은 뭐예요? 전화 통화랑 관련된 건가요?"

경호의 물음에 재준이가 "돈을 말하는 거야!"라며 으쓱했다.

"응, 정확히 말하면 '시중에 돌아다니는 돈의 양'이야. 통화량 (通貨量)에서 통(通)은 '유통되다, 돌아다니다'란 뜻이고, 화(貨)는 화폐, 량(量)은 말 그대로 양을 말해. '유통되는 화폐의 양'이지."

"유통된다는 건 정확히 어떤 의미예요?"

선아가 물었다.

"민간에서 사용되는 돈의 양을 뜻해. '민간'이란 말이 좀 어렵 지? 경제 활동을 하는 주체엔 '가계, 기업, 정부'가 있어. 가계는 소비의 주체가 되는 집집마다의 우리들, 기업은 생산의 주체가 되는 회사들, 정부는 말 그대로 정부를 말해. 가계와 기업을 합해 서 '민간'이라 부르지. 정부에서 돈을 가지고 있는데 쓰지 않으면 그 돈은 민간에서 유통되지 않겠지? 한국은행도 나라 기관인데, 한국은행에서 돈을 만들어도 유 통하지 않았다면 그 돈은 통화량 에 들어가지 않아. 아까 내가 너 희에게 바둑알을 나눠 주기 전 상 황을 생각해 보자. 내가 한국은행 이라면 돈은 만들었는데 아직 민 간으로 내보내지 않은 상황이겠 지? 그럼?"

한 알에
천 원이야~

"통화량이 아니에요."

아이들이 입을 모아 답했다.

"맞아. 너희들에게 나눠 준 만큼이 통화량인 거야. 너희가 물품 꾸러미 값으로 내게 다시 돈을 준 건 한국은행으로 돈이 들어온 거라 통화량에서 빼야 하고. 그럼 우리 세 개의 물품 꾸러미가 팔렸을 때 각각 통화량이 얼마였는지 계산해 볼까?"

"으악, 뭔 계산이에요."

"곱셈, 뺄셈만 하면 되니 어렵지 않아. 내가 처음에 지퍼 백 하나 분량의 검정 바둑알을 나눠 줬었잖아. 그게 딱 100개였어. 그럼 '100개×1,000원=100,000원'이니까 총 10만 원이 우리 교실에 유통된 셈이지. 시중에 돌아다니는 돈, 즉 통화량이 10만 원이었을 때, 물품 꾸러미는 1만 5,000원에 거래되었어. 나는 1만 5,000원을 받고 다시 검정 바둑알 100개를 너희에게 풀었어. 그리고 두 번째 물품 꾸러미 경매를 시작했지. 그럼 이땐 통화량이 얼마였을까?"

"쌤, 아니 한국은행이 두 번에 걸쳐 검정 바둑알을 총 200개 풀었으니 당연히 20만 원이죠!"

창민이의 재빠른 대답에 재연이가 말을 이었다.

"우리가 물품 꾸러미를 낙찰받으면서 드린 1만 5,000원은 빼야지. 그러니까 18만 5,000원이겠네요."

"정말 똑똑하네. 맞아! 내가 창민이와 재연이한테 물품 꾸러미 값으로 받았던 1만 5,000원은 다시 민간에 돌아다니는 돈이 아니니 그 금액을 뺀 18만 5,000원이 맞아. 통화량이 18만 5,000원일 때 물품 꾸러미는 3만 5,000원에 거래된 거고. 여기서 뭔가 규칙을 발견한 거 없어? 물품 꾸러미 거래 가격과 통화량 사이에 싹 트는 사랑?"

"뭔 사랑이에요. 당연한 거 아닌가요? 돌아다니는 돈이 많으니 물품 꾸러미 가격이 올라간 거?"

"경호 빙고! 통화량이 많아지면 물품 꾸러미 가격이 올라가는 상관관계가 있지. 그럼 세 번째 물품 꾸러미를 팔 땐 통화량이 얼마였는지 계산해 보자. 내가 흰 바둑알을 100개 나눠 주었고 하나에 5,000원으로 쳤었지. 그럼 통화량은 얼마였을까?"

"우선 통화량이 18만 5,000원인 상태에서 3만 5,000원에 낙찰받고 그걸 한국은행인 선생님한테 드렸으니까, 15만 원이 '민간'인 우리에게 남아 있었어요. 그런데 선생님이 100개×5,000원 =50만 원을 더 뿌리셨으니, '15만 원+50만 원=65만 원'이에요."

재연이가 정확하게 계산해 정리했다.

"통화량이 65만 원이었을 때, 물품 꾸러미가 거래된 가격이 17만 5,000원이었던 거지. 통화량과 물품 꾸러미 가격이 확실히 상관관계가 있어 보이지?"

물품 꾸러미 경매 결과

	첫 번째 경매	두 번째 경매	세 번째 경매
경매물	물품 꾸러미 1	물품 꾸러미 2	물품 꾸러미 3
낙찰 가격	15,000원	35,000원	175,000원
통화량	100,000원	185,000원	650,000원

나 선생은 지금까지 설명한 내용을 그래프로 보여 주었다.

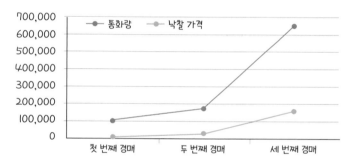

물품 꾸러미 경매 결과 그래프

인플레이션,
통화량이 지나치게 증가하면 벌어지는 일들

"파란색으로 그린 통화량 그래프랑 빨간색으로 그린 물품 꾸 러미 낙찰 가격 그래프가 함께 움직이는 거 보이지? 통화량이 증가하면 '물가'도 함께 상승해! 그렇다면 여기서 질문! '물가'란 뭘까?"

"물가요? 가격 아닌가요?"

시현이가 말했다.

"아니, 가격 말고 물가! 둘의 차이가 뭘까?"

"음, 비슷한 거 같은데요?"

대답한 시현이를 비롯해 실험경제반 친구들 모두 아리송하다는 표정이었다.

"오늘 교실에 들어와서 너희가 사고 싶은 것, 혹은 소비하는 여러 가지를 말해 보라고 하고 큰 바구니 그림 안에 적었던 것들 기억나? 그걸 물품 꾸러미라고 하고 경매를 했잖아. 그게 포인트야! 한 상품이 아니라 우리가 소비하는 여러 가지 물품의 가격을 몽땅 얘기하는 거. 가격은 어떤 한 상품에 대한 걸 말하고, 물가는 소비하는 물건들을 모두 포함한 가격을 말해."

"아! 그래서 물품 꾸러미 속 간식에 자동차니 쌀이니 붙여 두신 거군요?"

"선아 말이 맞아, 우리가 소비하는 물품 전체를 나타내려고 그랬던 거야. 물가가 오르는 원인은 많지만 통화량이 늘면 물가는 오르기 마련이야. 물가가 지속적으로 상승하는 현상을 '인플레이션(Inflation)'이라고 해. 인플레이션의 원인은 많지만 갑작스럽고

극심한 인플레이션, 즉 '초인플레이션'은 대체로 통화량 증가가 원인이야. 혹시 '마두로 다이어트'란 말 들어 본 사람?"

"네? 통화량과 인플레이션 얘기하시다가 갑자기 다이어트요?"

나 선생의 질문에 창민이가 당황스러워 하며 말했다.

"응, 말 그대로 다이어트! 2018년에 베네수엘라에서 초인플레이션이 일어났는데 경제가 극심하게 어려워지자 국민들이 못 먹어서 평균 체중이 11킬로그램이나 감소했다고 해. 연간 물가 상승률이 170만퍼센트에 이르렀다니 상당하지? 그때 베네수엘라 대통령이 니콜라스 마두로(Nicolás Maduro)였는데 통화량 관리를 못하고 돈을 마구 풀다 보니 그렇게 됐다고 '마두로 다이어트'라는 말이 생겼어. 당시 베네수엘라 돈은 가치가 굉장히 떨어져서 돈으로 공예품을 만들어 팔기도 했대. 관련 사진을 함께 보자."

초인플레이션 상황이 벌어졌을 때 베네수엘라의 여러 사진을 보며 나 선생이 말이 이었다.

"2008년엔 아프리카 짐바브웨에서도 비슷한 일이 있었어. '점심을 먹기 전에 점심 값을 지불하는 것이 점심을 먹고 나서 지불하는 것보다 싸다'는 말이 있을 정도로 물가가 매우 빠르게 상승했대. 맥주 한 잔을 사기 위해 돈을 한아름 싣고 가야 했고. 그래서 100조 달러짜리 짐바브웨 달러도 등장했는데 100조 달러로 겨우 달걀 세 개를 살 수 있었대. 이처럼 통화량이 지나치게 많아

▲ 베네수엘라 지폐와 미국 달러 비교

▲ 초인플레이션 이후 등장한 100조 짐바브웨 달러 지폐

지면 화폐 가치가 폭락하게 돼."

"저도 들어 본 적 있어요. 옛날 독일이었던 거 같은데 돈다발이 땔감으로 쓰이거나 쓰레기처럼 널려 있었다고 해요. 아이들이 돈다발을 가지고 노는 사진도 본 적이 있어요. 그게 언제였어요?"

규현이가 질문했다.

"역사적으로 초인플레이션이 일어난 경우가 있었지. 제1차 세계대전 이후 1920년대에 일어난 일이야. 제1차 세계대전을 일으켰던 독일이 막대한 전쟁 배상금을 충당하기 위해 돈을 많이 찍어 냈던 게 원인이었어. 돈이 필요하다고 돈을 많이 만들면 이런 문제가 생길 수 있는 거야. 우리나라에서도 구한말에 흥선 대원군이 경복궁 중건을 위해 고액권인 당백전을 발행했는데 그때도 물가가 치솟는 문제를 겪었지. 이와 관련된 짧은 영상을 하나 보

여 줄게."

영상에선 제1차 세계대전 이후 독일의 모습이 나왔다. 당시 한 변호사가 20년 동안 부었던 적금을 빵 한 개로 바꿨다는 이야기를 했고, 땔감 대신 돈다발을 불에 넣는 여인의 모습도 나왔다. 2008년경 짐바브웨의 모습도 나왔는데 100조 짐바브웨 달러로 달걀 세 개를 사는 모습도 볼 수 있었다.

5분짜리 영상이 끝나자 나 선생이 또 대통령 가면을 쓰고 나타났다.

"모든 국민에게 1억 원씩 드린다는 약속을 지키려고 왔어요!"

나 선생의 말에 실험경제반 친구들은 모두 손사래를 쳤다.

"아뇨! 됐어요! 그럼 돈이 똥값 돼요!"

"야, 똥값이 뭐냐! 더럽게……."

"저도 싫어요!"

친구들의 반응에 가면을 벗은 나 선생이 말했다.

"오늘 수업이 효과가 있었구나! 반응이 완전히 달라졌는걸! 그럼 1억 준다는 얘기는 없었던 걸로! 오늘 수업은 끝!"

02

한국은행에 예금하는 사람이 없는 이유

화폐금융박물관 현장 학습을 통해 알아본 한국은행의 역할

나 선생의 문자를 받은 실험경제반 친구들은 어디로 가는지 궁금해 하며 미니버스에 올랐다. 버스 앞좌석에 타고 있던 나 선생

이 반갑게 인사했다.

"안녕! 오늘은 현장 학습을 갈 거야. 모두 안전벨트 매고! 출발할까? 기사님, 안전운행 부탁합니다!"

약 20분 후, 미니버스는 타임머신을 타고 온 듯 낯선 옛날식 석조건물 앞에 섰다.

"다 왔어, 얘들아. 내리자!"

"여긴 어디에요?"

버스에서 내리자마자 아이들의 눈이 휘둥그레졌다.

"한국은행?"

"맞아. 한국은행에서 운영하는 화폐금융박물관에 오신 걸 환영합니다. 퀴즈가 있어요! 한국은행은 은행일까요?"

"네! 당연한 거 아니에요?"

"아니요!"

재준이와 시현이가 각각 다른 답을 했다.

"둘 다 딩동댕!"

"네? 둘 다 맞아요?"

"한국은행은 일반 사람을 위한 은행은 아니지만 '은행의 은행'이기 때문이야."

"은행의 은행이라……. 은행에게 돈을 빌려주나요?"

경호가 물었다.

"그런 셈이야. 한국은행은 우리가 거래할 수 있는 은행이 아니야. 우리가 이용하는 신한·국민·우리·하나 은행이나 카카오뱅크, K뱅크 등의 은행은 일반 은행이야. 일반 은행에서는 우리가 예금하면 그걸 다 가지고 있지 않아. 일부만 보관하지."

"앗, 그럼 제가 맡긴 돈은 어디로 가죠? 완전 불안한데요?"

창민이가 두 손으로 머리를 감싸며 말하자 재연이가 답했다.

"걱정하지 않아도 돼. 사람들이 은행에 예금하면 은행은 그중 일부만 남기고 다른 사람이나 회사에 빌려줘. 다른 데 투자하기

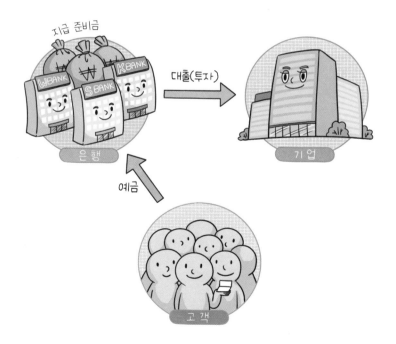

도 하고!"

"그럼 은행은 완전 사기꾼 아니야? 만약에 사람들이 동시에 맡긴 돈을 찾으러 오면 어떡해?"

창민이와 재연이의 대화를 듣던 나 선생이 끼어들어 말했다.

"그게 핵심이야! 모든 사람이 한꺼번에 예금한 돈을 찾으러 오지는 않는다고 생각하는 거야. 그래서 은행에는 돈을 일부만 남겨 두는데 그걸 '지급 준비금'이라고 해. 사람들이 예금한 원금의 일정 비율 이상은 가지고 있게끔 법으로 정하고 있기도 하고. 근데 은행

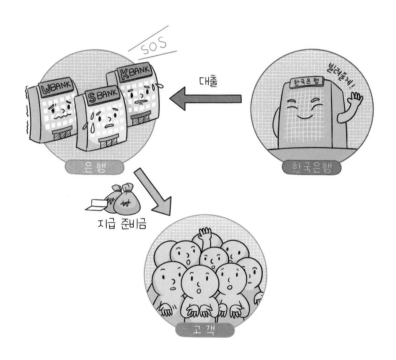

에서 남겨 둔 돈보다 더 많은 금액을 찾으러 오는 경우도 있겠지?"

"네, 당연하죠. 그런 일이 많겠죠!"

창민이가 흥분해서 말했다.

"박물관에 들어왔으니 우리 목소리를 조금 낮추고 말하자. 바로 그럴 때! 은행들이 한국은행에 돈을 꿔 달라고 SOS 하는 거야. 당연히 빌린 돈을 갚을 땐 그에 대한 대가인 이자도 붙여서 돌려줘야 하고."

"그래서 아까 한국은행이 은행이기도 하고 아니기도 하다고 한 거로군요?"

시현이가 고개를 끄덕이며 말했다.

"이번 현장 학습에선 미션이 있어. 자, 첫 번째 미션! 한국은행이 하는 가장 중요한 일은 뭘까? 박물관을 돌아보며 찾아보자!"

"에이, 너무 어려운데요? 힌트도 없이 찾으라고요?"

모두 툴툴거리면서도 미션의 답이 어디에 적혀 있나 싶어 열심히 두리번거리며 나 선생을 따라 2층으로 향했다. 2층의 커다란 문 앞에는 '옛 금융통화위원회 회의실'이라고 적혀 있었다. 방 안으로 들어가니 VR 장치가 보였다.

'머리가 지끈거리는 이름을 가진 장소로만 보였는데 VR 체험이라니!'

아이들이 신이 나서 외쳤다.

"VR 체험을 할 수 있대! 이거 해 보자!"

각자 VR 기기를 하나씩 받은 후, 모바일로 한국은행 금융통화위원회 앱을 다운받아 장치에 끼웠다.

"회의하는 모습이다! 저기 벽에 있는 그림이랑 똑같아!"

"그러네. 바닥에 한국은행 건물도 나와!"

모두들 시간 여행을 하듯 옛날 금융통화위원회에서 회의하는 모습과 말소리를 보고 들으며 생생하게 체험했다.

'새 지폐는……, 기준 금리는……, 물가 안정을 위해서…….'

선아는 머릿속으로 내용을 되뇌이며 잊지 않으려 노력했다.

"너 들었어? 물가 안정, 기준 금리 이런 거?"

선아가 열심히 메모를 하고 있는 재연이에게 물었다.

"응, 나도 들었어. 그게 한국은행에서 하는 일 같은데?"

둘이서 주위를 살펴보다 설명문을 발견했다.

"이거다! 재연아, 수첩 꺼내 봐."

금융통화위원회는 한국은행의 통화신용정책 및 운영에 관한 중요한 사항을 결정하는 기구이며 (중략) 한 차례 정기 회의를 개최한다. 이 회의에서는 물가 안정을 위한 정책, 새로운 화폐의 발행, 기준 금리 등과 같은 내용을 논의한다.

- 출처: 한국은행 화폐금융박물관 옛 금융통화위원회 회의실 설명 글 중에서

"선생님, 저희 답을 찾았어요!"

나 선생에게 달려온 재연이와 선아가 수첩에 적은 내용을 보여 주며 말했다.

"한국은행은 통화신용정책을 하는 기구예요. 물가 안정을 위해 노력하고 기준 금리도 정하고요!"

"맞아, 실험경제반 친구들! 모두 여기로 모여 봐! 다들 미션 성 공했어?"

"물가 안정을 위한 정책!"

"저도 찾았어요. 기준 금리 조정!"

실험경제반 친구들 모두 각자 조사한 내용을 말했다. 나 선생 은 가방에서 연필 일곱 자루를 꺼내 하나씩 나눠 주었다.

"잘했어! 선물로 하나씩 받으시오."

"이게 선물이에요? 저희 연필 많아요."

경호가 투덜거리며 말했다.

"얘들아, 이건 특별한 연필이야. 연필 윗부분을 봐 봐."

나 선생의 말에 모두 연필을 관찰했다.

"뭐지? 투명한 부분 속에 종이가 잘려서 들어 있는데요?"

"너무 낡아서 처분해야 하는 지폐를 분쇄한 거야."

나 선생이 말했다.

"제가 받은 연필엔 초록색인데 만 원짜리였겠군요?"

"제 건 주황빛이니까 5만 원권?"

"돈이 너무 낡아서 쓸 수 없게 되면 이렇게 분쇄하는 거야."

"저희가 답을 맞추긴 했지만 통화 정책이란 게 뭔지 모르겠어
요. 알려 주세요."

기준 금리,
경기 침체와 과열에 대처하는 법

나 선생은 대답 대신 가방을 뒤적이더니 작게 인쇄한 모의 지
폐들을 꺼내 2만 5,000원씩 나눠 줬다. 그러고는 '채권'이라고 큼
지막한 글씨가 적힌 흰 편지봉투를 꺼내 보이며 말했다.

"내가 한국은행이라고 해 보자. 이 봉투는 한국은행에서 발행
한 채권이야. 너희들이 지금 2만 원을 주고 사면 세 달 후에 2만
2,000원을 주겠다고 약속할게. 이자는 현금으로 지급할 거야! 채
권 살 사람?"

나 선생의 제안에 너도 나도 "저요! 저요!"를 외쳤다. 나 선생은 일
곱 명의 친구들 모두에게 채권을 팔아서 14만 원을 거두어들였다.

"어디 보자, 내가 14만 원을 걸었잖아. 너희에게 남아 있는 돈
은 3만 5,000원. 한국은행인 내가 채권을 좋은 조건으로 팔았더

니 시중에 돌아다니는 돈인 통화량이 많이 줄었네. 한국은행이 가지고 있는 돈은 통화량이 아니거든. 통화량이 너무 많아져서 문제가 될 땐 한국은행이 이렇게 채권을 팔아서 통화량을 줄이는 정책을 펴. 반대로 시중에 돈이 너무 안 돌아서 통화량을 늘리고 싶으면 예전에 팔았던 채권을 좋은 조건으로 사들이는 거야. 한국은행 말고도 국가나 공공기관에서 발행하는 국채와 공채를 좋은 조건으로 팔거나 사들여서 통화량을 적절하게 조정해."

"좋은 조건으로 사들이는 게 뭐예요?"

규현이가 물었다.

"이자를 많이 주면 좋은 조건 아닐까? 만기가 안 되었는데 만기 이자를 지급한다거나 하는."

창민이가 규현이의 질문에 답했다.

"그럴 수 있겠네. 말이 나온 김에 얘기하자. 통화량을 조절하는 가장 중요한 수단이 이자율 조정이야. 한국은행에서 금리 체계에 기준이 되는 이자율을 정하는데, 그걸 '기준 금리'라고 해."

"뉴스에서 들었어요. '한국은행에서 기준 금리를 0.25퍼센트포인트 인하했습니다' 이런 말이요."

"재연이가 정확하게 알고 있구나. 금리는 이자율인데, 이자율이 높으면 기업 입장에서는 돈을 빌릴 때 비용이 많이 드니까 덜 빌리겠지? 반대로 이자율이 낮으면 돈을 많이 빌릴 수 있고. 기업들은 새로운 기계를 사거나 사업을 확장할 때 보통 은행에서 돈을 빌려서 하는 경우가 많거든. 그런데 이자율이 오르면 그만큼 부담이 되니까 사업 확장을 덜 할 거야. 경기가 호황을 넘어서서 너무 과열된 경우엔 시중에 돈도 많이 돌고 물가도 올라가 있을 가능성이 많아. 그럴 땐 한국은행에서 기준 금리를 올려. 반대로 경기가 침체되어 있을 때는 기준 금리를 낮춰서 대출을 늘려. 그럼 기업들이 새로운 사업에 투자하거나 시설을 확장하겠지? 한국은행의 금융통화위원회에서 정기적으로 기준 금리를 정하고 발표해."

"금리를 낮췄다는 건 경기가 그만큼 안 좋다는 거예요?"

"그런 셈이지. 하지만 금리를 인상했다고 해서 꼭 경기가 좋아졌다는 걸 의미하지는 않아."

"그건 또 무슨 말이에요?"

선아가 재차 질문했다.

"경제가 우리나라 안에서만 돌아가는 게 아니어서 그래. 자본 시장도 국제적으로 움직이거든. 예컨대 미국이 금리를 낮게 유지하는 상황이고 우리나라가 그보다 금리가 높다면 우리나라에 해외 자본이 유입될 수 있어. 그런데 미국이 금리를 높여 우리나라보다 금리가 높아졌다고 생각해 봐. 우리나라에 들어와 있던 해외 자본이 미국으로 빠져나갈 수도 있겠지? 갑자기 해외 자본이 유출되면 우리 경제에 충격이 클 수도 있어. 그래서 우리나라 경제가 좋지 않은 상황이어도 국제 상황에 맞춰서 금리를 인상해야할 수도 있는 거지."

"아유, 복잡하네요."

경호가 고개를 절레절레 흔들며 말했다.

"전 세계가 하나로 얽혀 있으니 그럴 수밖에 없어. 그래도 기본적인 통화 정책은 이해했지? 다시 정리해 줄게. 경기가 침체되어 있을 때 한국은행은 금리를 낮추고 국공채를 좋은 조건으로 사들인다, 경기가 과열되어 있을 때는 금리를 높이고 국공채를 좋은 조건에 판다!"

* 경제 개념: 기준 금리, 통화 정책
* 수학 개념: 퍼센트와 퍼센트포인트

Q. '기준 금리 0.25퍼센트포인트 인상'에서 퍼센트포인트는 무엇일까요?

기준 금리를 인상하거나 인하할 때, 보통 0.25퍼센트포인트(%p; bp)씩 변화시킵니다. 다음 기사처럼 말이에요.

> 한국은행이 기준금리를 3.25%에서 3.5%로 0.25%p(25bp) 인상했다.
>
> 2023년 1월 13일 〈○○신문〉

퍼센트포인트와 퍼센트의 차이점은 무엇일까요?

퍼센트는 전체 수량을 100으로 하여 해당 수량이 그중 얼마나 되는지를 나타내는 것이고, 퍼센트포인트는 퍼센트 간의 차이를 표현한 거예요. 위의 기사를 눈여겨봤다면 알아챘을 거예요. 연 3.25퍼센트에서 3.5퍼센트가 되었다면 0.25퍼센트포인트 상승한 것이죠. 보통 실업률이나 금리(이자율) 등의 변화를 말할 때 사용합니다.

신문을 보다 보면, '기준 금리'에 대한 얘기가 자주 등장합니다. '기준 금리'

는 한국은행의 금융통화위원회에서 정해요. 우리나라의 기준 금리는 '7일부 환매조건부 채권(국가에서 7일 이후에 다시 산다는 조건으로 돈을 빌리는 증서)'에 적용하는 금리(이자율)로 정했어요. 한국은행에서 기준 금리를 정하면 시중은행에서는 그 금리에 따라 자신들의 금리를 정합니다. 기준 금리를 높이면 예금 금리와 대출 금리가 함께 올라가요. 그러면 일반 사람들은 예금을 해서 예전보다 이자를 많이 받을 수 있으니 저축을 많이 하고, 기업들의 시설 투자는 감소해요. 시설 투자는 보통 대출해서 하는 경우가 많은데 빌리는 돈에 대한 이자 부담이 커지니까요.

사람들이 소비를 많이 하고, 기업들이 투자를 많이 하면 시중에 돌아다니는 돈의 양인 통화량이 증가해 물가가 오를 수 있어요. 이때는 통화량을 줄여야 하니까 기준 금리를 높일 수 있죠. 기준 금리를 낮추면 반대로 작용할 테고요.

03

1997년 우리나라에 무슨 일이?

시간 여행 연극[7]을 통해 살펴본 외환위기

오늘도 실험경제반 친구들은 교실이 아닌 학교 소강당으로 향했다. 어떤 새로운 게임을 하려나 싶어 두근거리는 마음으로 강당에 도착했는데 입구에 큰 포스터가 붙어 있었다.

"엥? 웬 포스터야?"

"우리 오늘 연극하나 봐!"

문을 열고 들어가니 평소와 다른 모습의 나 선생이 무대 중앙에서 친구들을 반겼다. 어깨가 볼록한 재킷과 미니스커트를 입고, 진한 립스틱을 바른 낯선 모습이었다. 뭔가 옛스러운 느낌이 물씬 났다.

"타임머신을 타고 1990년대 서울에 오신 걸 환영합니다."

"뭐예요? 저희 시간 여행하는 거예요?"

재준이의 물음에 나 선생은 대답 대신 이름표가 들어 있는 바구니를 내밀었다.

"하나씩 뽑아 봐. 오늘 맡을 역할이 적혀 있어."

"난 은행이야. 두리은행? 이름 촌스럽다."

"와, 난 기업이야. 경제그룹이래. 앗싸 사장됐다!"

1997년 우리나라에 무슨 일이!?

실험 경제반 친구들이
1990년대 서울로 시간 여행을 떠납니다.
실험경제반 친구들이 하는
연극 공연이 궁금하다면
보러 오세요!

일시: 202*년 *월 *일 오후 2시 / 장소: 소강당

응답하라 1997 등장인물

내레이션 나 선생 | 경제그룹 시현 | 두리은행 재준 | 브리은행 규현
리아종합금융 창민 | 경제금융원 재연 | 공공재정원 선아 | IMF 경호

"난 브리은행이야. 외국 은행인가 봐."

"리아종합금융? 설명을 보니 은행이랑 비슷한 것 같아."

"난 IMF래. 많이 들어 봤는데? 돈 빌려주는 국제기구?"

"나는 경제금융원! 여긴 경제 관련 국가 기관이래. 내가 위원장인가 봐!"

"난 공공재정원 원장이야! 여기도 국가 기관이라는데?"

실험경제반 친구들은 이름표를 뽑자 마자 서로 맡은 역할을 이야기했다.

"이름표는 잘 보이도록 목에 걸고! 역할 지침서를 나눠 줄게.

두리은행은 누구실까?"

나 선생이 물었다.

"저요!"

재준이가 손을 들며 답했다.

"공공재정원 원장님?"

"저요! 그런데 공공재정원이라는 데가 있어요?"

선아가 역할 지침서를 받으면서 물었다.

"연극이니까 있지! 현실에선 없지만."

"그럼 경제금융원도 가짜예요?"

재연이가 물었다.

"둘 다 국가의 경제 관련 기관이라고 생각하고 연기하면 돼. 한국은행, 기획재정부, 금융감독원, 금융위원회 등 맘에 드는 곳을 떠올리며 연기해 주세요!"

나 선생의 대답에 창민이가 킥킥댔다.

"어떻게 하면 된다는 건 역할 지침서에 적혀 있어. 각자 차례가 되면 무대에 가서 연기하자! 일종의 즉흥연기지!"

"대본은 없어요?"

시현이의 질문에 나 선생은 웃으며 답했다.

"난 너희를 믿어. 다들 연기를 잘할 것 같은데?"

"저 좀 쑥스러운데……."

"우리끼리인데 어때, 과감하게! 연기 도전!"

나 선생은 부끄럽다는 시현이에게 힘차게 두 주먹을 들어 보이며 '도전'을 외치곤 아나운서처럼 말하기 시작했다.

 지금은 1993년 2월입니다. 이제까지 은행들은 기업에 돈을 빌려줄 때, 정부에서 시키는 대로만 해 왔기 때문에 기업의 경제성이나 가치를 판단하고 투자하는 경험이 부족합니다. 두리은행, 경제그룹 무대로!

 경제그룹: 저희 믿으시죠? 저희 이름 믿고 돈 좀 빌려주세요! 공장 하나 더 지어야 해요.

 두리은행: 얼마나 필요하신데요?

 경제그룹: 100억 원!

 두리은행: 뭐, 그 정도야 어렵겠습니까? 대기업이신데. 좋습니다.

 경제그룹: 만기는 1년 어떻습니까? 만기 연장을 원하시면 그때 말씀하세요.

 두리은행: 네, 좋습니다.

둘은 악수를 하며 흡족하게 계약을 체결했다. 무대 중앙 화면엔 1993년 날짜가 적힌 신문이 나왔다.

1993년 9월 7일

경제신문

드디어, 민간도 외국에서 돈을 빌린다

금융자유화 물결이 거세다. 다음 달부터는 민간 은행들이 외국에서 돈을 빌리는 게 가능해진다. 국가만 빌릴 수 있던 외국 자본, 그 빗장이 풀린다. 외국인들도 우리나라 은행에 돈을 맡기는 게 가능해지고, 우리나라 주식이나 채권에 투자하는 것도 자유로워진다.

 지금은 1993년 9월입니다. 이전에는 정부가 아닌 해외 민간 자본을 빌리는 게 무척 힘들었지만 이제는 수월해졌네요! 두리은행, 리아종합금융, 브리은행 GO!

 브리은행: 코레아! 성장이 놀라워요! 돈 필요하신 분? 나한테 빌려요! 이자율도 싸요.

 리아종합금융: 안 그래도 돈이 많이 필요했는데. 1년 만기로 5억 달러 빌리죠. 캄싸해요!

규현이와 창민이는 악수를 하며 거래하는 포즈를 취했다. 규현이가 재준이를 바라보며 말했다.

브리은행: 두리는 머니 안 필요해?

 두리은행: 안 그래도 머니 필요했어! 5억 달러!

 브리은행: 1년 만기로?

 두리은행: 굿, 굿!

재준이는 규현이를 바라보며 엄지손가락을 들어 보였다. 둘은 악수를 하며 흡족한 미소를 지었다. 그 모습을 바라보던 창민이가 재준이에게 다가갔다.

 리아종합금융: 자네도 브리에서 빌렸나?

 두리은행: 응, 자네도? 조건이 좋더라고.

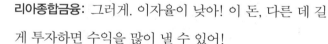 **리아종합금융:** 그러게. 이자율이 낮아! 이 돈, 다른 데 길게 투자하면 수익을 많이 낼 수 있어!

 두리은행: 그래? 나한테도 정보 좀 줘!

재준이와 창민이는 머리를 맞대며 속삭이는 시늉을 했다.

 브리은행: 나는 머니가 참 많아! 이번엔 한쿡 좀 괜찮네? 미쿡보다 금리도 높고 말야. 저기 경제그룹 내게 좀 와 봐요!

규현이가 시현이를 보며 무대로 올라오라는 손짓을 했다.

 경제그룹: 브리~ 하이! 한국에 웬일이야?

 브리은행: 경제그룹 채권 좀 살까 하고!

 경제그룹: 브리가 채권을 산다면 나야 땡큐지!

두 사람의 거래가 성사되자마자 화면에 뉴스 영상이 나왔다.

1996년 12월 12일 9시 뉴스입니다. 우리나라가 선진국 클럽인 OECD에 가입했습니다. 한편, 태국에서는 경제 위기가 닥쳤다고 하네요. 안타깝습니다.

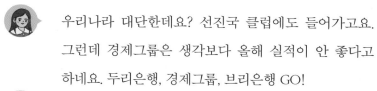 우리나라 대단한데요? 선진국 클럽에도 들어가고요. 그런데 경제그룹은 생각보다 올해 실적이 안 좋다고 하네요. 두리은행, 경제그룹, 브리은행 GO!

두리은행: 경제그룹 시현 사장님, 이제 돈을 갚아야 할 시간이에요!

경제그룹: 상환일을 연장해 주세요! 회사 사정 좀 봐줘, 잉?

두리은행: 거대 기업인데, 당연히 해드려야 쥐. 만기 연장! 도장 꾹!

이 둘을 바라보던 규현이가 시현이에게 다가갔다.

브리은행: 내가 산 채권이 만기됐어! 원금과 이자를 주시오.

경제그룹: 1년만 미루자. 작년에도 해 줬잖아.

브리은행: 태국에 위기도 오고! 아시아 불안해. 그냥 지금 줘.

경제그룹: 태국하고 한국은 달라. 1년만 미루자! 뿌잉뿌잉!

시현이가 양손을 볼에 대며 애교스럽게 말했다.

브리은행: 노! 아이 원트 마이 머니!

경제그룹: 오케이.

시현이는 체념한 듯한 표정으로 전화를 거는 시늉을 했다.

경제그룹: 돈 빨리 끌어 와. 브리은행이 당장 달래.

시현이는 규현이에게 돈을 돌려주는 시늉을 하며 말했다.

경제그룹: 머니 여기 있소.

브리은행: 굿바이!

다시 무대 화면에 새 기사가 비춰졌다.

1997년 11월 7일　　　　　　　　　　**경제신문**

기업들 줄줄이 도산! 외국자본 끊임없는 EXIT!

두리은행, 브리은행, 리아종합금융, 경제금융원, 공공재
정원 GO!

무대 중심에 선 규현이는 급하게 전화받는 시늉을 하며 말했다.

 브리은행: 왓? 한국을 떠나라고? 오케 오케!

규현이는 전화를 끊는 액션을 취하더니 재준이와 창민이에게
다가가서 말했다.

 브리은행: 두리은행, 리아종합금융! 내 돈 돌려줘!
 두리은행: 우리 사정이 안 좋아. 돈 많이 빌려줬던 경제
그룹이 부도를 냈어. 1년만 기다려 줘.
 리아종합금융: 우리도 그래. 작년에도 연장해 줬잖아. 지
금 돈이 묶여 있어서 그래.

규현이는 재준이와 창민이를 바라보며 말했다.

 브리은행: 내 머니 갚아! 난 못 기다려!

재준이와 창민이는 재연이에게 다가갔다.

 두리은행: 경제금융원 위원장님, 저희 좀 도와주세요. 브리은행이 지금 당장 빚을 갚으래요! 저희 경제그룹 때문에 힘든 거 아시죠? 달러 좀 빌려주세요.

 리아종합금융: 저희도 어렵습니다. 달러가 필요합니다.

경제금융원: 다들 사정이 어렵겠어요. 근데 지금 대미환율을 1달러에 800원 수준으로 유지하느라 쓰는 달러가 엄청납니다. 돕고 싶지만 저희도 어쩔 수 없습니다.

창민이와 재준이는 물러나고, 선아가 재연이에게 다가왔다.

 공공재정원: 경제금융원 위원장님, 언제까지 환율 유지에 돈을 쓰실 생각입니까? 상황이 더 안 좋아져요. 지금이라도 국제통화기금(IMF)에 구제를 요청해야 합니다. IMF가 이럴 때 돈 빌려주는 국제기구 아닙니까.

 경제금융원: 장관님, IMF에 구제 요청을 하면 힘들어지는 기업이 더 많아져요. 아시잖아요? IMF는 적자생존의 논리로 망할 기업은 빨리 망하게 하는 게 낫다는 생각을 하지 않습니까.

공공재정원: 그래요. 저도 마음이 아파요. 하지만 IMF의 논리도 일리가 있어요. 언제까지나 나라가 돈을 쓸 수는 없어요. 기업과 은행이 경영을 잘못하는데도 정부가 도와주면 부실한 경영이 계속될 수 있고요.

 경제금융원: 그래도 막아 볼 때까진 막아야죠. 고통받는 사람들 생각은 안 하시나요?

 공공재정원: 당장은 고통스러워도 잘 이겨 낼 거예요.

무대 뒤 화면에 다시 뉴스가 나왔다.

1997년 12월 7일 9시 뉴스입니다. 기업들이 줄줄이 도산하고, 외환보유고는 바닥났습니다. 정부에서는 국제통화기금(IMF)에 구제 요청을 했습니다.

경제금융원, 공공재정원, IMF GO!

 경제금융원: IMF 구제 요청밖에 답이 없나요? 정부와 국민이 힘을 합해 헤쳐 나가야죠.

 공공재정원: 우리 경제는 언젠가 한 번은 체질 개선을 할 필요가 있었어요. 은행들이 회사 상태도 제대로 파악하지 않고 무조건 돈을 빌려주지 않았습니까.

 경제금융원: 원화 가치 안정에 얼마나 애썼는데. 지금 보세요. 1달러에 800원 하던 게 이제는 2,000원이에요!

재연이의 말에 맞춰 화면이 바뀌었다.

1998년 12월 23일   경제신문

환율 2000원까지 치솟아

 공공재정원: 환율이 오르면 오히려 수출이 잘 될 수 있어요. 그럼 우리나라에 다시 달러가 들어오고 경제 회복에 도움이 되지 않겠어요?

 경제금융원: 지금 도산한 기업이 얼마나 많습니까. 도산

할 기업은 도산시킨다는 게 IMF의 논리잖아요. 그동안 우리 국민은 피가 마릅니다.

 IMF: 부실 기업과 은행은 정리하는 게 좋아요. 그래야 더 건강해집니다. 잠시 아픈 건 견뎌야지요! 저희가 돈을 빌려 드리는 대신, 저희 방식을 따르기로 했지요?

다시 무대 화면에 신문이 나왔다. 날짜별 신문 헤드라인이 차례로 나타났다 사라졌다.

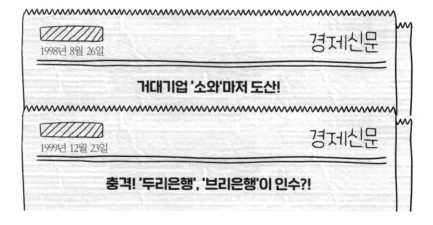

 경제금융원: 리아종합금융도 파산했어요. 두리은행도 위험합니다.

IMF: 두리은행은 브리은행이 합병 의사가 있던데요. 그렇게 처리하시죠.

 경제금융원: 보나 마나 헐값에 인수하겠죠! 나쁜 놈들. 그냥 이렇게 두고 보자는 건가요?

재연이가 선아를 쏘아보며 말했다.

 공공재정원: 저도 마음이 아픕니다.

IMF: 부실 은행은 정리해야죠.

 공공재정원: 네, 그게 최선이겠어요. 그렇게 처리하지요.

무대 뒤 화면에 뉴스가 나왔다. 미국 백화점에 나가 있는 기자의 모습이 보였다. 미국 백화점의 가전제품 판매 코너였다.

여성: 한국TV가 일본TV보다 훨씬 싸네? 이전까지 가격 차이가 얼마 안 났는데 이게 웬일이야?

점원: 요즘 한국 돈의 가치가 떨어져서 그래요. 이때가 기회예요. 이렇게 싸게 TV를 살 수 있는 때가 없어요.

우리나라 제품들이 미국에서 싼값에 팔리는 모습이었다. 뉴스

영상이 끝나고 신문기사가 떴다.

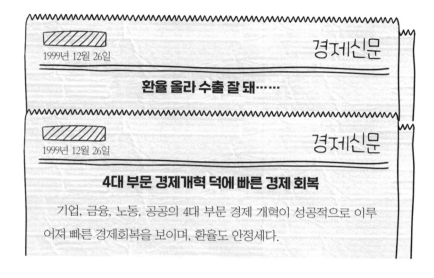

잠시 후, 무대 조명이 꺼지고 나 선생이 박수를 치며 무대 중앙으로 나오면서 말했다.

"애들아! 모두 정말 고생 많았어! 이번 연극을 통해 1997년 외환위기의 원인과 극복 과정을 살펴봤는데 어땠어?"

"갑자기 외환이 부족해져서 당황스러웠던 당시 상황을 몸소 느꼈어요!"

재준이의 말에 창민이가 맞장구치며 말했다.

"저도요! 당시 기업들은 대체 무슨 생각으로 만기가 짧은 외채를 빌려서 장기 투자를 했던 걸까요?"

"보통 별문제 없으면 만기 연장을 계속 해 줬으니까 그럴 거라고 생각한 거겠지!"

경호가 답하자 나 선생이 고개를 끄덕이며 말했다.

"맞아. 그런데 문제가 생긴 거지. 1996년 말 태국에 경제 위기가 닥치고, 점차 말레이시아, 인도네시아 등 동남아시아 전역으로 확산되면서 외국 금융사들은 아시아가 위험하다고 느꼈을 거야. 그러던 중 1997년 우리나라의 큰 철강회사, 자동차 회사가 부도나니까 외국계 기업들이 '한국에서 떠나자'가 되면서 급하게 자금을 회수한 거고."

"어찌 보면 금융기관과 기업에도 구조적인 문제가 있었던 거 같아요. 정부가 금융을 쥐고 대출해 주다가 갑자기 금융자유화가 되니 금융기관들도 기업에 대출해 줄 때 제대로 된 심사 기준이 없었고, 기업들도 돈을 빌리는 데 신중하지 않았고요."

"흠. 역할극을 하면서 불안불안한 게 한 번은 터질 수밖에 없는 문제가 아니었을까 싶었어요. 이를 계기로 구조 조정이 되어서 우리 경제가 더 튼튼해질 수 있었겠지만 그 과정이 모두에게 무척 고통스러웠을 거예요.

선아의 말이 끝나자 재연이가 안타까워하며 말했다.

"와, 정말 많은 걸 느꼈네. 그럼 오늘 수업은 여기서 끝!"

경제 개념 콕!

경제 안정을 위해 국가가 하는 일은 무엇일까?

1) 인플레이션이 우리의 생활에 미치는 영향

만약 하늘에서 큰돈이 뚝 떨어진다면 어떨까요? 무척 행복할 것 같지요? 그런데 모든 사람에게 큰돈이 떨어지면 어떻게 될까요?

물가가 오르게 됩니다. 물가가 지속적으로 오르는 현상을 '인플레이션'이라고 해요. 실험경제반의 실험처럼 시중에 돌아다니는 돈의 양(통화량)이 너무 많아지면 물가가 오를 수밖에 없어요. 물건을 살 때 돈을 더 많이 줘야 하니까요. 이런 극단적인 상황 말고도 인플레이션이 발생하는 원인은 다양해요. 경제 상황이 엄청 좋아서 사람들이 동시다발적으로 소비를 많이 하고, 기업들이 새로 사업을 확장하고자 하는 경우에도 인플레이션이 발생합니다. 또 여러 상품을 생산하는 비용이 상승할 때(예를 들어, 석유 가격이 오르면 플라스틱, 전기 등 여러 생산 비용도 오릅니다)도 인플레이션이 발생해요.

인플레이션에 사람들이 관심을 갖는 이유는 경제 생활에 영향을 미치기 때문이에요. 직장인 A는 1년 전에 친구에게 3억 원을 빌려주었고 친구는 그 돈으로 집을 구입했다고 가정해 볼게요. 갑자기 인플레이션이 발생해서 1년이 지나 그 집값이 6억 원이 되었어요. 만약 A가 이자를 10퍼센트 받는다면 3억 3,000만 원일 텐데, 그 돈은 이제 집의 절반이 조금 넘는 가치밖에 안 되는 거잖아요. 돈을 빌려준 사람에겐 좋지 않고 돈을 빌린 사람에게는 좋은 거죠. 앞의 사례처럼 인플레이션이 발생하면 집이나 땅 등 투자할 만한 실물에 대한 가치는 높아지지만 돈의 가치는 떨어집니다. 물가는 많이 올랐는데, 월급은 별로 오르지 않는다면 월급을 받아 생활하는 사람들에게도 좋지 않고요.

반대로 물가가 지속적으로 내려가는 현상을 '디플레이션(deflation)'이라고 해요. 같은 돈으로 더 많은 걸 살 수 있으니까 좋다고 생각할지도 몰라요. 그런데 디플레이션은 경제 활동이 위축되고, 사람들이 소비를 너무 안 해서 발생하는 경우가 많아요. 사람들이 소비를 하지 않으면 기업이 물건을 만들어도 팔리지 않고, 그러니 기업은 근로자를 줄이고, 일자리를 잃는 사람이 많아지죠. 실업자가 많아지면 소비는 더 안 하게 되고요. 이런 악순환이 반복되면 경제 상황은 점점 더 안 좋아집니다.

물가가 너무 올라도 안 좋고, 너무 내려도 안 좋다면 어떤 게 바람직한 걸까요? 다수의 경제학자들에 따르면 적정 물가상승률은 1년에 2퍼센트 정도라고 합니다.

경제 용어

- **인플레이션**: 물가가 지속적으로 상승하는 현상
- **디플레이션**: 물가가 지속적으로 하락하는 현상

2) 경제 안정을 위한 국가의 역할

인플레이션과 디플레이션 모두 국가 경제에 좋지 않으니 국가에서는 통화량을 적절하게 유지해 돈의 가치를 안정적으로 유지하고자 할 거예요.

앞에서 나 선생이 한국은행 역할을 하면서 채권을 팔았던 것 기억하세요? 채권은 보통 돈을 빌리면서 쓰는 차용증과 비슷합니다. 다른 점은 그 증서를 언제든지 사고팔 수 있다는 점이에요. 한국은행이나 정부가 채권을 발행해서 국민에게 파는 건 국민에게 돈을 빌리는 것과 같아요. 통화량이 너무 많다 싶으면 채권을 팔아서 가계나 기업의 돈을 흡수하는 정책으로 시중에 유통되고 있는 돈의 양을 조절합니다.

가장 많이 사용하는 정책은 한국은행이 금리(이자율)를 조정하는 거예요. 한국은행이 일반 은행의 금리를 조절하는 건 아니고 기준이 되는 금리를 결정해요. 한국은행이 기준 금리를 높이면 일반 은행도 금리를 올립니다. 여러분이 은행에 가서 예금할 때는 금리가 높은 게 좋겠죠? 금리가 올라가면 저축을 늘리고, 소비를 줄일 거예요. 기업들은 새로 사업을 확장할 때 돈을 빌리는 경우가 많은데, 금리가 높아지면 대출 이자가 올라가니 덜 빌리게 되고요. 그렇게 되면 시중에 돌아다니는 돈이 줄어듭니다.

그 외에 세금을 더 걷는 방법도 있어요. 세금을 더 걷으면 사람들이 소비하는 데 쓸 돈이 적어지고, 기업도 사업을 확장할 때 쓸 돈이 줄어들 테니까요.

경제 상황이 지나치게 나빠져서 사람들이 소비를 안 하고, 기업도 생산량을 줄이는 상황에서는 반대의 정책을 씁니다. 정부가 세금을 줄여 국민이

나 기업의 소비나 투자 활동이 늘어날 수 있도록 돕고, 공공복지나 정책 지원 등 정부가 직접 돈을 써서 통화량을 늘릴 수 있습니다. 한국은행에서는 기준 금리를 낮춰 기업들의 대출에 대한 부담을 줄여 주고, 국가가 팔았던 채권을 다시 좋은 조건으로 매입합니다. 이렇게 되면 기업은 사업을 확장하고, 사람들은 채권을 팔아 돈이 많아진 셈이니 소비가 늘어 경기가 차츰 좋아지겠죠?

경제 용어

* **통화량:** 가계나 기업 등 민간에서 가지고 있는 돈의 양(시중에 돌아다니는 돈의 양)
* **채권:** 정부나 기업이 돈을 마련하기 위해 발행하는 증서. 만기가 되면 원금과 약속된 이자를 지급함. 만기 전에도 언제든지 사고팔 수 있음
* **금리:** 이자율. 금리가 10퍼센트일 때 원금 100만 원에 대한 이자는 10만 원
* **통화 정책:** 중앙은행이 돈의 양을 늘리거나 줄임으로써 경제 활동 수준을 조절하는 정책
* **재정 정책:** 정부가 경제 활동에 영향을 미치기 위해 세금 및 정부 지출 수준을 조절하는 정책

3) 국제통화기금이 하는 일

국제통화기금, 즉 IMF(International Monetary Fund)의 창립 정신은 '세계의 모든 국가가 조금씩 돈을 내서 기금을 조성하고, 그 돈을 빚에 쪼들려 고생하는 국가에 빌려주어 다시 경제 발전을 할 수 있게 도와주자'입니다.

우리나라는 1997년 12월, IMF에 도움을 요청한 적이 있어요. 달러가 갑자기 부족해진 게 직접적인 원인이었지만 금융기관과 기업 구조의 근본적인 문제 등 다른 여러 복합적인 원인도 있었습니다. 힘든 시기였지만 빠르게 회복했고, 은행과 기업 들이 더 튼튼해지는 계기로도 작용했습니다. IMF에 미국의 영향력이 세다는 비판이 있기도 해요. IMF를 세우는 데 돈을 낸 비율만큼 의사결정권을 가지는데, 미국이 18퍼센트로 가장 크기 때문이에요.

※ 우리나라 물가가 어떻게 변해 왔는지 궁금하세요? 통계청 누리집의 '물가체험코너'에서 체험해 보세요!

공공경제학:
모두의 미래를 위한 선택

01

교실에 공기청정기가 필요해요!
공공재 게임[8]으로 생각해 보는 공공재 생산의 문제

"얘들아, 우리 창문 좀 활짝 열고 시작할까? 교실 공기가 너무 탁하지 않아?"

나 선생이 교실에 들어서자마자 창문을 가리키며 말했다.

"요즘 환기를 자주 하는데도 이상하게 공기가 탁해요."

"교실에 공기청정기가 있으면 좋을 텐데!"

"맞아, 맞아!"

창문 가까이에 앉아 있던 재준이와 선아가 곧장 창문을 열었고, 실험경제반 친구들이 고개를 끄덕이며 공감했다.

"그래? 그럼 오늘은 너희에게 필요한 공기청정기를 얻을 수 있는 게임을 해 볼까?"

나 선생이 의미심장한 표정으로 게임을 제안하자 재준이가 못 믿겠다며 코웃음을 치며 말했다.

"공기청정기요? 그걸 어디서 구해요. 지난번엔 1억씩 주겠다고 하시더니, 이제 안 속아요!"

"재준아, 선생님을 한번 믿어 봐. 일단 그 전에 다들 용돈부터 받아."

나 선생은 가방에서 작은 봉투를 꺼내 친구들에게 하나씩 주었다.

"용돈이요?"

경호가 눈을 반짝이며 되물었다.

"어? 돈이 들어 있어! 진짜 돈!"

여기저기서 봉투를 열어 보고 놀라며 말했다.

"자, 봉투에는 100원짜리 동전이 열 개씩 들어 있어. 1,000원씩. 이건 우리만의 비밀이야! 선생님이 학생한테 돈 준다고 혼나."

"누구한테 혼난다는 거예요?"

"너희가 나의 고충을 어찌 알리오!"

나 선생은 키득대는 친구들 앞에 빨간 종이 상자를 내밀며 사뭇 진지한 목소리로 말했다.

"이건 마법 상자야! 이 상자에 돈을 넣으면 두 배가 돼!"

"빨리 저 상자에 돈을 넣어 보자. 정말 두 배가 되는지."

경호의 말에 창민이는 일어나서 상자에 돈을 넣으려는 시늉을 했다.

"잠깐! 규칙이 있어. 그냥 넣으면 마법이 작동하지 않는다고!"

창민이는 돈을 넣으려던 손을 빼며 다시 자리에 앉았다.

"이 상자는 교실 밖 복도에 둘 거야. 한 명씩 갈 거니까 돈을 넣어도 되고 안 넣어도 돼. 또 일부만 넣어도 돼. 누가 넣었는지 안 넣었는지는 아무도 모르니 말이야. 이렇게 일곱 명 모두 복도에 다녀오면 마법이 작동해서 상자 안에 모인 돈이 두 배가 되는 거지. 그리고 그 액수를 7로 나눠서 모두에게 똑같이 나눠 줄 거야. 한 가지 더! 너희가 낸 돈이 6,000원 이상 모이면 내가 비용을 보태서 교실에 공기청정기를 선물할게!"

"공기청정기를 사 주신다고요?"

"뭔가 속임수가 있는 것 같은데요?"

못 믿겠다며 의심의 눈초리로 바라보는 아이들에게 나 선생은 진정하라는 손짓을 하며 말했다.

"아니야, 그런 거 없어. 돈은 너희가 받은 1,000원 이내에서 넣는 거야."

"0원부터 1,000원까지 총 열한 가지 선택을 할 수 있겠네요? 만약 제가 600원을 넣으면 남은 400원은 어떻게 되는 거예요?"

재연이는 나 선생의 파격적인 제안에도 흥분하지 않고 차분하게 질문했다.

"당연히 네가 가지는 거지. 너희가 남기는 돈은 그냥 개인 통장에 넣는 거라고 생각하면 돼. 마법 상자를 '공공 통장'이라고 할까? 여기 돈을 넣으면 두 배가 된 후 똑같이 나눠 갖는 거니까. 그럼 얼마를 공공 통장에 넣는 게 유리할까?"

"당연히 모두 다 넣는 거 아닌가요? 그래야 두 배로 불어나죠!"

시현이의 말에 나 선생이 고개를 저으며 말했다.

"그게 그리 간단하진 않아. 이익 계산을 해 보면……."

나 선생의 말이 끝나기도 전에 재연이가 아이들에게 말했다.

"우리 모두에게 좋은 건 한 명도 빠짐없이 공공 통장에 돈을 1,000원씩 넣는 거야. 만약에 다른 사람은 다 넣는데 나만 안 넣으면 어떻게 될까? 난 1,000원을 내 개인 통장에 넣은 거니까, 1,000원은 그대로 있고, 나머지 여섯 사람이 넣은 돈 6,000원이 두 배가 되어 1만 2,000원이 될 거야. 이걸 7로 나누면……."

"1,714원!"

창민이가 재빠르게 말했다.

"1,714원씩 일곱 명이 나눠 갖는 거지. 그럼 난 2,714원을 얻는 거야. 나머지 여섯 명은 1,714원만 얻는 거고. 그러니까 안 넣는 게 이익이지."

"그래도 모두 다 넣는 게 더 좋잖아?"

재연이의 설명에 이어 규현이가 말했다.

"일곱 명 모두 1,000원씩 넣으면 2,000원씩 가지게 되니까 제일 좋긴 하지. 하지만 다른 사람은 다 1,000원씩 넣었는데 어떤 사람 혼자만 안 넣으면 2,714원을 받게 되니까 그 사람에겐 그게 더 이익이겠지? 일곱 명 중 다섯 명이 1,000원씩 넣은 경우엔 어떨까?"

나 선생의 질문에 재연이가 답했다.

"5,000원이 두 배가 되어 1만 원이 되고 일곱 명이 나누면 나눠 가지는 돈은……."

"1,429원."

이번에도 창민이가 도움을 주었다.

"1,429원씩 갖게 되네요. 공공 통장에 돈을 안 낸 사람은 개인 통장에 돈을 1,000원 가지고 있었으니 2,429원을 가져요. 공공 통장에 돈을 넣은 친구들은 1,429원만 가지고요."

재연이의 말이 끝나자 나 선생은 교실 스크린에 표를 하나 띄우며 말했다.

"그럼 다른 경우에 어떻게 행동하는 게 개인적으로 유리한지 정리해 보자."

공공재 게임의 보수 구조

나를 제외한 9명의 행동	공공 통장에 모인 돈 (두 배 되기 전)		나의 보수	
	내가 기부한 경우	내가 기부 안 한 경우	내가 기부한 경우	내가 기부 안 한 경우
9명 모두 기여	9×1,000+1,000 =10,000	9×1,000=9,000	2,000	1,800+1,000 =2,800
8명 기여	8×1,000+1,000 =9,000	8×1,000=8,000	1,800	1,600+1,000 =2,600
7명 기여	7×1,000+1,000 =8,000	7×1,000=7,000	1,600	1,400+1,000 =2,400
…	…	…	…	…
2명 기여	2×1,000+1,000 =3,000	2×1,000=2,000	600	400+1,000 =1,400
1명 기여	1×1,000+1,000 =2,000	1×1,000=1,000	400	200+1,000 =1,200
0명 기여	0×1,000+1,000 =1,000	0×1,000=0	200	0+1,000 =1,000

"여기엔 계산을 간단하게 하기 위해서 열 명이 참여했다고 가정했어. 행동도 공공 통장에 '돈을 모두 넣음', '안 넣음' 중에서

결정하는 걸로 했고. 실제로 할 땐 돈의 일부만 넣어도 되는 거야. 공공 통장에 넣은 걸 '기여'로, 갖게 되는 돈을 '보수'라고 표현했어. 어떤 행동이 개인적으로 유리한지 살펴봐."

"뭐야! 무조건 안 내는 게 유리한데?"

창민이와 경호가 동시에 말했다.

"개인적으로 볼 때 그렇긴 해. 하지만 우리 모두 다 공공 통장에 기여해서 공기청정기를 얻는 게 제일 좋지 않을까? 그럼 시작하자."

나 선생은 공공 통장이라 부르기로 한 빨간 상자를 들고 교실 밖 복도로 나갔다가 들어왔다.

"공공 통장, 그러니까 마법 상자를 복도에 두었어. 이제 한 명씩 가서 돈을 넣고 오자. 돈은 안 넣어도 되고, 일부만 넣어도 되고, 다 넣어도 된다는 거 기억해."

"우리 다 1,000원씩 넣는 거야! 알겠지?"

선아의 말에 친구들은 모두 고개를 끄덕였다.

"누가 먼저 갈래?"

나 선생이 물었다.

"저요!"

재준이가 자리에서 일어나며 말했다. 재준이가 다녀오자 나머지 여섯 명도 한 명씩 복도에 다녀왔다.

"그럼 결과를 공개하도록 하겠습니다!"

나 선생은 힘차게 복도로 나가 빨간 상자를 가지고 들어왔다.

"두구 두구~ 과연 얼마일까요?"

상자를 열어 동전을 교탁에 쏟았다.

"저희가 도울게요!"

경호와 창민이는 100원짜리 동전을 열 개씩 척척 쌓아 올렸다.

"세 묶음하고 두 개, 3,200원이요!"

경호가 외쳤다.

"우리 다 1,000원씩 넣기로 하지 않았어?"

선아의 진지한 말에, 경호가 장난스러운 말투로 덧붙였다.

"누가 안 냈어? 이렇게 의리가 없어서야."

"누구냐? 2,800원만 더 냈어도 공기청정기가 생기는 건데!"

"너무 아쉽다."

교실 여기저기서 볼멘 목소리가 터져 나왔다.

"경호, 너 낸 거 맞아? 바지 주머니에서 동전 소리 나는 거 같은데?"

규현이가 의심스러운 눈으로 경호를 바라보며 말했다. 경호는 알 수 없는 미소만 짓고 있었다.

"그러게 말이다. 누굴까? 상자에 얼마를 넣었는지는 비밀에 부치기로 약속했으니 더 이상 묻지 말자!"

나 선생의 말에 다들 잠잠해졌다.

"그런데 언제 마법이 생겨요?"

시현이의 질문에 나 선생은 지갑을 꺼내며 말했다.

"바로 지금!"

나 선생은 지갑에서 1,000원짜리 세 장과 100원짜리 동전 두 개를 꺼내 교탁 위에 쌓아 둔 돈과 합하며 말했다.

"마법이 일어났어요! 수리수리 마수리! 짠, 두 배가 되었네요! 3,200원이 6,400원이 됐습니다!"

나 선생은 진짜 마법을 부리듯 양팔을 휘휘 저으며 말했다.

"아유, 저러실 줄 알았다니까."

재준이가 못 말린다는 표정으로 말했다.

"암튼 마법은 일어났고. 6,400원을 7로 나누면……."

"914원이요!"

"역시 창민이네. 고마워. 그럼 1,000원씩 나눠 줄게. 잔돈 없이 그게 편하겠다."

나 선생은 아이들에게 정말 1,000원씩 나눠 주었다.

"지금부터 쉬는 시간이야! 매점에 다녀와도 좋아!"

나 선생의 말과 동시에 친구들은 매점으로 향했다.

배제성이 없으면
무임승차하고 싶어진다고?

일곱 명은 각자 자신이 좋아하는 간식을 사 왔다.

"자, 그럼 과자 먹으면서 수업 계속하자."

"잘 먹을게요, 선생님!"

"예쁘게 인사도 해 주니 좋네. 아까 1,000원씩 내기로 약속했지만 안 지켜진 이유가 뭘까?"

"누가 안 냈는지 알 수 없으니까요!"

"이기적이어서요!"

"안 내는 게 개인적으로 이득이잖아요!"

아이들은 앞다투어 얘기했다.

"맞아. 개인적으로 볼 때는 안 내는 게 가장 유리한 전략이야. 게다가 누가 안 냈는지 확인할 수 없고 모인 금액을 똑같이 나누니까. 내가 아까 공공 통장에 6,000원 이상 모이면 교실에 공기청정기를 설치해 주겠다고 한 거 기억해?"

"그럼요, 그건 안 되겠군요?"

아이들 모두 실망한 표정이었다.

"나도 아쉽다."

아쉽다는 나 선생의 말에 여기저기서 "다시 해요."란 말이 들려왔다.

"여러분, 기회는 다시 오지 않습니다! 약속은 약속이잖아? 근데 말이야, 옛날 얘기를 하나 해 줄게."

"갑자기 웬 옛날 얘기요?"

나 선생은 동화를 읽듯 나긋나긋한 말투로 이야기를 시작했다.

"옛날 아주 먼 옛날, 국가란 개념이 없던 시절이었어. 한 시골 마을에 가로등이 하나도 없어서 밤길이 진짜 어두웠대. 어떤 할머니는 어두운 길을 가다가 돌부리에 걸려 넘어졌고, 어떤 아저

씨는 논두렁에 빠져서 다치기도 했어. 그래서 마을 사람들이 모여서 회의를 했어. 가로등을 설치하자는 한 아주머니의 제안에 다들 좋다고 했지. 하지만 가로등 설치비를 어떻게 마련할지는 좀처럼 의견이 좁혀지지 않았어. 동일한 금액을 강제로 걷는다면 소득이 없거나 적은 사람들에겐 큰 부담이 될 테니까. 결국 각자 형편에 맞게 자발적으로 돈을 내자고 결론을 내고 모금함을 마을 회관에 두었어……."

"모아졌어요? 근데 국가 개념도 없던 시절이라면서 가로등은 있네요?"

규현이가 웃으면서 물었다.

"과연 모아졌을까?"

"아뇨. 안 냈을 것 같아요."

나 선생이 친구들을 바라보며 되묻자 선아가 답했다.

"맞아. 조금 모이긴 했는데, 가로등을 설치할 수 있을 만큼 충분한 금액은 아니었어."

"오늘 우리 상황이랑 뭔가 비스무리한 느낌인데요?"

시현이가 말을 이었다.

"비슷하지? 6,000원 이상 모였으면 공기청정기를 설치했을 텐데. 교실의 공기청정기와 마을의 가로등, 뭔가 닮은 점이 있지 않니?"

"글쎄요……."

"그럼 너희가 먹고 있는 간식하고는 어떻게 달라?"

"과자는 먹는 거고 가로등과 공기청정기는 못 먹어요!"

"아유, 못 말려. 넌 매번 먹는 걸로 생각하냐."

경호의 우렁찬 대답에 시현이가 타박했다.

"여기 내가 쓰던 펜과 간식을 하나로 묶고, 가로등과 공기청정기도 따로 묶어서 분류해 볼까? 이 두 묶음의 차이점은 뭘까?"

"가로등과 공기청정기는 여러 사람이 같이 쓰는 거네요."

"규현이 말이 맞아. 내 펜은 내가 산 거고. 이야기 속 가로등은 마을 사람 모두의 것이지. 공기정청기도 교실에 두면 우리 모두의 것이고."

"주인이 있고 없고의 차이군요?"

시현이가 눈을 반짝이며 답했다.

"쉽게 말하면 그렇지. 내가 이 펜의 주인인 건 문구점에서 돈을 지불하고 샀기 때문이야. 펜을 구매하지 않고서는 쓸 수 없으니까. 이처럼 대가를 지불하지 않은 사람을 소비에서 배제시킬

수 있는 성질을 '배제성'이라고 불러. 펜은 배제성이 있지만 가로등은 배제성이 없는 거지."

"배제성이 있느냐 없느냐로 재화를 구분하는 거군요."

재연이가 메모하며 말했다.

"맞아. 일단 가로등을 켜면 그곳을 지나는 사람은 누구나 그 불빛을 이용할 수 있잖아. '넌 가로등을 설치하는 데 돈을 안 냈으니 이용하지 마!'라고 할 수 없을 테니까. 이렇게 배제성이 없으면 사람들은 '누군가 가로등을 만들면 공짜로 이용해야지!' 하는 생각을 할 수 있어."

"그 뭐냐, '무임승차'하려는 생각이 드는 거죠! 저희 모둠 숙제할 때도 꼭 무임승차하려는 애들이 있거든요. 어차피 모둠 점수로 매기니까요."

"창민이가 적용을 잘하네. 배제성이 없으면 무임승차하려는 생각이 들기 마련이고, 이런 특성 때문에 공공재(public goods)는 충분히 생산되지 않는다는 문제가 있어. 생각해 봐. 어떤 회사에서 자발적으로 '저희가 공짜로 도로도 만들어 드리고, 시내에 가로등을 달아 드릴게요.'라고 하겠어. 통행료를 받을 수 있다면 몰라도 말이야. 필요하다고 생각해도 누가 내 돈 들여서 다 함께 쓰자고 하겠어. 물론 있긴 하겠다. 하지만 사회에서 필요로 하는 양보다 훨씬 적게 생산될 거야."

"그러네요. 그래서 나라에서 세금을 걷어서 가로등을 설치하고, 도로도 만들고 하는 거겠네요? '나라에서 세금을 걷고 그걸로 우리가 필요로 하는 공공재를 생산한다.' 그래서 아까 선생님이 '국가의 개념이 없던 옛날 마을'이라는 표현을 하셨나 봐요."

"소비에 있어 배제성이 없는 재화를 공공이 쓰는 재화라고 '공공재'라고 하는 거 아닌가요?"

선아가 고개를 끄덕이며 말하자 규현이가 이어서 질문했다.

"맞아. 가로등이 대표적인 공공재지. 그런데 배제성이 없다는 특징만으로 공공재라고 부르진 않아. 재화를 구분하는 또 한 가지 특징이 있어."

경합성, 내 소비가 다른 사람의 소비에 영향을 준다고?

나 선생은 아이들을 둘러보며 말했다.

"너희가 어떤 재화를 소비할 때, 다른 사람들의 소비에 영향을 주는지 아닌지에 따라 재화를 구분하기도 해."

"제 소비가 다른 사람의 소비에 영향을 준다고요?"

규현이가 당황해 하며 되물었다.

"조금 어렵게 느껴질 수 있을 거야. 쉽게 말해서 내가 여기 있는 과자를 먹으면 그 과자를 다른 사람이 못 먹겠지? 왜냐면 내가 이미 먹어 버렸으니까. 이런 걸 '내 소비가 다른 사람의 소비에 영향을 준다'고 표현한 거야. 이런 특성을 소비에 있어서 '경합성'이 있다고 표현해."

"그렇네요. 가로등은 경합성이 없겠네요. 제가 밤길을 걸으며 불빛을 이용해 길을 찾는다고 해서 다른 사람이 그 불빛을 이용하지 못하는 건 아니니까요."

무언가를 발견한 듯한 표정으로 선아가 말했다.

"선아가 정확하게 이해했구나. 소비에 있어 배제성도, 경합성도 없는 재화를 공공재라고 해. 보통 우리가 돈 내고 사용하는 대부분의 것들은 배제성과 경합성이 있는 게 많아. 우리가

쓰고 있는 볼펜, 휴대전화 모두. 이런 걸 '사적 재화(private goods)' 라고 불러. 그럼 학원 수강은 어떨까?"

"우선 배제성은 있어요. 학원비를 안 내면 학원에 다닐 수 없으니까요."

"음, 경합성도 있겠네요. 학원에는 정원 제한이 있으니까요. 제가 들어가면 한 명 자리가 없어지는 거잖아요."

"정말 똑똑한 친구들이네!"

재준이와 시현이의 대답에 나 선생은 흐뭇한 표정으로 말했다.

"오늘 배운 걸 정리해 보면 '배제성과 경합성이 없는 재화를 공공재라고 한다. 그런데 공공재는 배제성이 없는 성질 때문에 무임승차의 유인이 생겨서 충분히 생산되지 못한다. 그래서 국가에서 세금을 걷어서 공공재를 생산한다.' 정도가 되겠네요."

"재연이가 오늘도 정리를 깔끔하게 해 줬네. 그럼 여기서 수업을 마치자!"

수학적 사고를 더해요 ⑤

* 경제 개념: 공유 자원의 비극, 공공재 생산의 문제, 과점과 담합
* 수학 개념: 게임 이론

Q1. 재준이와 창민이 중 누가 에어컨을 설치하게 될까요?

유학을 가서 함께 살게 된 재준이와 창민이의 집에 에어컨이 없는데, 이번 여름은 무척 덥다고 해요. 두 친구는 더 더워지기 전에 에어컨을 사야겠다는 생각을 했어요. 에어컨 가격은 150만 원이고 시원한 집에서 지낼 수 있는 만족감을 돈으로 따져 보면 두 친구 각각 100만 원이에요.

두 사람 모두 자신의 경제적 이득만 생각해서 행동한다면, 누가 에어컨을 설치하게 될까요?

누군가 한 명이 에어컨을 설치하면 집에 있는 둘 다 시원하게 지낼 수 있어요. 에어컨을 틀어서 에어컨을 구매한 사람에게만 냉기가 가도록 할 순 없으니까요. 그 사실을 깨달은 창민이는 마음속에 치사한 생각이 떠올랐죠. '재준이가 에어컨을 사면 공짜로 시원하게 여름을 보내야지.' 그런데 어쩜 재준이도 똑같은 생각을 하고 있었네요. 이처럼 두 사람 모두 자신의 이익만을 생각해서 행동한다면, 결국 에어컨 없이 땀을 뻘뻘 흘리며 여름을 보내게 됩니다.

Q2. 재준이와 창민이의 상황을 게임 이론을 이용해 수학적으로 분석해 볼까요?

- -

두 친구가 에어컨을 구매하는 데 동의하고 비용을 낼 때와 에어컨 구매를 반대하고 비용을 내지 않을 때에 따른 이득을 금액으로 표현해 볼게요.

재준이와 창민이가 함께 에어컨을 구매하는 데 동의하고 비용을 부담하면 둘 모두 25만 원 이득(만족감 100만 원 − 지불한 비용 $\frac{150\text{만 원}}{2}$)입니다. 한 사람만 동의해서 비용을 내면 비용을 부담한 사람은 50만 원 손해(만족감 100만 원 − 지불한 비용 150만 원)를 보고, 비용을 안 낸 사람은 100만 원 이득(만족감 100만 원 − 지불한 비용 0원)입니다. 그리고 둘 다 에어컨이 필요 없다며 구매에 반대하면 두 사람 모두 이득은 0원입니다.

이 상황을 표로 정리하면 다음과 같아요.

에어컨 유무에 따른 이득과 손실

		재준	
		에어컨 구입 동의	에어컨 구입 반대
창민	에어컨 구입 동의	25만 원, 25만 원	−50만 원, 100만 원
	에어컨 구입 반대	100만 원, −50만 원	0원, 0원

위의 표에서 두 숫자 중 앞에 쓴 숫자는 창민이의 이득을, 뒤에 쓴 숫자는 재준이의 이득을 나타냅니다. 먼저 창민이 입장에서 어떤 행동이 유리한지 찾아보세요(상대의 전략이 주어져 있다고 보고, 그때 자신에게 유리한 전략을 '최적 대응'이라고 해요. 창민이의 최적 대응을 O, 재준이의 최적 대응을 △로 표시해 볼게요).

재준이가 에어컨 구입에 동의했을 때 창민이의 최적 대응을 찾아봅시다. 창민이도 동의하면 25만 원의 이득을, 반대하면 100만 원의 이득을 얻으니 반대하는 게 유리하네요. 재준이는 반대했는데 창민이 혼자만 동의하면 50만 원 손해예요. 자신도 함께 반대하면 이득도 손해도 보지 않으니 이 경우도 반대하는 게 유리하네요. 재준이 입장에서 살펴봐도 똑같아요.

두 친구의 최적 대응끼리 만난 곳이 있죠? 최적 대응끼리 만난 걸 '내시 균형[9]'이라고 불러요. '반대, 반대'가 유일한 내시 균형이군요. 두 친구 모두 상대가 에어컨 구입에 동의하든 반대하든 자신은 반대하는 게 유리한 행동이 돼서 둘 다 반대하는 결과로 이어지는 거예요. 사실 둘 다 동의하고 비용을 반반씩 내서 25만 원씩 이득을 보는 게 더 좋은데 말이에요.

Q3. 죄수의 딜레마를 일반화해서 살펴볼까요?

에어컨 문제처럼 서로 협조하는 게 모두에게 좋지만 상대를 배신하는 게 언제나 자신에게 유리한 전략이 되어 암울한 결과를 맞는 보수 구조의 상황을 '죄수의 딜레마'라고 부릅니다. 범죄 혐의를 의심받고 있는 두 용의자의 이야기로 위와 같은 구조의 게임이 알려졌기 때문이에요.

두 용의자가 서로 격리되어 취조를 받는데 한쪽이 자백하면 그 사람은 수사에 협조한 공으로 풀려나고, 자백하지 않은 쪽은 7년형을 받아요. 둘 다 혐의를 부인하면 모두 1년형, 둘 다 자백하면 모두 5년형을 받는 상황입니다. 이 경우도 '자백, 자백'이 유일한 내시 균형이 되어 둘 다 자백하는 결과로 귀결됩니다.

이제 죄수의 딜레마 상황이 되는 보수 구조를 일반화해서 살펴볼까요?

죄수의 딜레마 상황이 되는 보수 구조의 일반화

		경기자2	
		협조	배신
경기자1	협조	B, B	D, A
	배신	A, D	C, C

죄수의 딜레마가 되려면 상대를 배신하는 게 지배적인 전략이 되어야 하는데, A가 B보다 크고, C가 D보다 크면 상대방이 어떤 전략을 선택해도 항상 배신을 하는 게 협조할 때보다 높은 보수를 가져다 줍니다. 이를 A 〉 B 〉 C 〉 D라고 정리할 수 있죠.

여기에 더해 모든 경기자가 협조를 선택하는 게 둘 모두에게 최적이 되어야 하는데, 두 사람 모두 협조해서 얻게 되는 보수의 합인 B+B가 다른 어떤 경우보다 커야 해요. B+B 〉 D+A, B+B 〉 C+C가 되어야 하는 거죠. 이를 $B 〉 \frac{A+D}{2}$로 표현할 수 있습니다. 따라서 다음의 두 가지 조건, A 〉 B 〉 C 〉 D이고, $B 〉 \frac{A+D}{2}$가 성립하면 죄수의 딜레마 상황이 됩니다.

세금은 어떻게 걷어야 할까?

세금 걷는 법으로 살펴본 부와 소득의 불평등 해소 방안

수업이 끝난 후, 규현이는 뭔가 고민이 있는지 골똘히 생각에 잠긴 채 교실에 남아 있었다.

"규현아, 무슨 고민이라도 있어?"

나 선생이 규현이에게 다가가 물었다.

"뭐 좀 생각하고 있었어요. 공공재 생산을 위해 나라에서 세금을 걷어야 한다는 건 알겠는데, 문제가 있어요."

"뭔데?"

"세금을 어떻게 걷느냐 하는 거예요. '가로등은 모든 마을 사람에게 필요하니까 가로등을 설치하는 비용은 모두 똑같이 내야 하는 게 아닐까' 생각했는데요. 돈을 많이 못 버는 사람에겐 부담이 클 수 있겠다 싶어서요."

"그럼 세금을 어떻게 걷는 게 좋을 것 같니?"

"우선 소득과 자산이 많은 사람들에겐 세금을 좀 더 걷어야 할 것 같아요. 가난한 사람들에겐 적게 걷고요."

"그 말엔 나도 동의해. 같은 10만 원이라도 월 100만 원을 버는 사람과 월 1,000만 원을 버는 사람은 느끼는 정도가 다를 거야."

"네, 그래서 생각한 건 소득 비율대로 세금을 걷는 거예요. 세금이 소득의 10퍼센트라고 정하면, 월 소득이 100만 원인 사람은 10만 원을 내고, 월 소득이 1,000만 원인 사람은 100만 원을

내겠죠. 그런데 좀 더 생각해 보니 소득이 월 100만 원인 사람에 겐 10퍼센트도 부담이 될 수 있겠다는 생각이 들더라고요."

"그래, 그럴 수 있겠다. 그럼 비율을 다르게 걸으면 어때?"

"저도 그렇게 생각해 봤어요. 부자인 사람들에겐 높은 비율로 걷는 거죠. 월 1,000만 원을 버는 사람에겐 세금을 40퍼센트를 부과하고, 월 100만 원을 버는 사람들에겐 2퍼센트만 내게 하는 식으로요. 그렇게 되면 부와 소득의 불평등도 완화될 것 같았어요."

"규현이 생각처럼 우리나라도 소득이나 자산의 정도에 따라 다른 세율을 적용하고 있어. 물론 소득이나 자산이 많을수록 세율이 높아지고. 이런 방식으로 걷는 걸 '누진세'라고 불러. 부의 불평등이 심화되는 건 경제 성장에도 좋지 않다고들 하거든. 세금을 걷는 게 공공재 생산을 위한 목적도 있지만 부와 소득의 재분배를 위한 목적도 있어. 근데 더 고민이 되는 게 있는 것 같은데?"

부와 소득의 재분배, 짐 캐리가 옛 소련에서 활동했다면?

규현이는 잠시 고민하더니 말했다.

"'부자들에겐 세율을 어느 정도까지 높게 책정해야 하나?' 하는 점이요. 사실 부자의 기준도 애매하고요. 아주 높은 세율로 걷으면 부와 소득의 불평등은 줄어들겠죠. 하지만 세금을 많이 내는 사람들 입장에서 생각하면 억울할 것 같아요."

"열심히 일해서 돈을 벌었는데 내 몫을 나라에 뺏긴다는 생각이 들까?"

"맞아요. 그러면 열심히 일하고 싶겠어요? 일할 의욕이 사라지고 새로운 제품을 개발하거나 도전하려고 하지 않을 것 같아요!"

"그럴 수도 있겠다. 그래서 가장 높게 적용되는 세율을 얼마로 해야 하는지 정하는 건 굉장히 어려운 일이야. 일할 의욕을 꺾지 않아야 하니까 말이야."

"열심히 일해서 돈을 벌었는데 나라에 뺏기는 느낌, 억울한 느낌이 드는 건 당연한데, 따지고 보면 돈을 많이 벌 수 있었던 건 우리 사회의 문화나 여러 제도가 있기 때문이 아닐까 하는 생각도 들어요."

"그 생각은 미국의 철학자 존 롤스(John Rawls)의 생각이랑 비슷한데?"

"네? 그냥 제 생각일 뿐인데요?"

"예를 들어 볼게. 할리우드의 톱 배우이자 코미디언인 짐 캐리(Jim Carrey)는 미국에서 활동하기 때문에 그만큼 인정받는 게 아닐까? 짐 캐리가 만약 옛 소련에서 활동했다면 어땠을까?"

"글쎄요. 그런 개그 코드가 그 사회에선 안 통했을 것 같아요. 제가 수렵 채집 사회에 태어났다면 아마 굶어 죽지 않았을까 싶은데요? 전 생각하고 글 쓰는 건 잘해도 운동이나 사냥엔 영 꽝이거든요."

"그러니까 이 사회에서 성공한 사람, 여기서 성공은 돈을 많이 번 걸로 치자. 그의 성공은 그 사회의 뒷받침이 있었기 때문이라고 볼 수 있지 않아?"

"그러네요. 꼭 재산을 부모로부터 물려받은 게 아니라고 해도. 성공한 사람은 사회에서 필요로 하는, 중요하게 생각하는 요건을 갖추고 태어난 사람이라는 생각이 들어요."

"이렇게 생각하면 나의 성공은 사회의 덕을 본 것이니, 고맙게 생각하고 좀 더 사회에 환원하고 싶은 마음이 들지 않겠어? 그래서 존 롤스는 어떤 사회에서 무척 가난한 사람은 그 사회에서 필요로 하는 재능을 가지지 못해서 사회로부터 혜택을 가장 적게 받은 사람이니 도울 필요가 있다고 했어."

"와, 정말 제가 존 롤스라는 분과 비슷한 생각을 했네요? 신기해요!"

"응, 존 롤스는 가장 가난한 사람을 '최소수혜자'라고 표현했어. 사회로부터 가장 적은 혜택을 받았다는 의미지. 그러니 그들을 우선적으로 배려해야 한다고 본 거야."

"최소수혜자를 우선적으로 배려하자는 데 저도 완전 공감해요! 근데 최대수혜자도 있을까요?"

"최대수혜자는 그 사회에서 가장 인정을 받고 있는 사람들이겠지? 사회적 지위든 부(자산)든. 그들은 사회에서 혜택을 많이 받고 있는 셈이니까 그만큼 사회를 도와야 한다는 거지. 하지만 규현이가 말한 것처럼 세금을 지나치게 많이 내도록 강제하면 일할 의욕이 떨어질 수 있고 돈을 빼앗긴다고 생각할 수도 있을 거야."

"네, 저도 그렇게 생각해요. 그게 고민이었고요. 롤스의 생각은 어땠나요?"

"롤스는 개인의 자유를 중요하게 생각했어. 사회에 환원하는 게 필요하지만 강제하기보다는 자율에 맡기는 게 좋겠다는 입장이었어."

"노블리스 오블리주(noblesse oblige)를 실천하자는 거네요."

"그런 셈이야. 그런데 자율에 맡기는 부분이 있지만 어느 정도는 국가에서 세금을 걷어야 하잖아. 부자들에겐 세율을 얼마로 할까도 정해야 하고. 이런 건 사회적 합의에 따라 결정해야 할 거야."

"맞아요. 근데 그 사회적 합의라는 게 참 어려운 일인 것 같아요. 서로 자신의 입장에서 얘기할 테니까요."

"그래서 롤스는 사회적 합의를 하려 할 때는 자신이 사회에서 어떤 지위에 있는지 모르는 상태에서 생각해 봐야 한다고 했어."[10]

"자신이 부자인지 가난한지, 어떤 직업에 종사하는지 등을 배제한 상태에서 생각하면, 정말 가난한 사람의 입장에서도 생각해 볼 수 있겠네요! '내가 그렇게 태어났다면' 하고요."

"그렇게 생각할 때 사회적으로 힘든 사람들을 우선적으로 배려하게 되지 않을까 싶어. 정답은 없지만 말이야."

"결론을 낼 수 있는 문제는 아니지만 생각이 좀 정리되네요. 사람들이 사회적으로 힘든 사람을 우선적으로 배려하자는 생각을 기반으로 사회적 합의가 이루어지면 참 좋겠어요. 사회적 성공은 그 사회가 있기 때문이란 생각도 하면서 기부도 많이 하고 말이에요."

* 경제 개념: 로렌츠 곡선, 지니계수[11]
* 수학 개념: 정적분

Q1. 소득 분배의 불평등 정도를 어떻게 측정할까요?

경제 정책에서는 빵의 크기를 키우는 것과 동시에 어떻게 나눌 것인가도 중요하게 생각해요. 그러한 정책 중 대표적인 게 세금입니다. 지금까지의 소득 분배 수준을 비교 분석하면 특정한 정책들의 효과도 알 수 있고 이후 방향을 제시하기도 좋을 거예요. 그렇다면 소득 분배의 불평등 정도를 어떻게 측정할까요?

- -

소득이 얼마나 불균등한지를 측정할 때 가장 많이 활용되는 것은 '로렌츠 곡선(Lorenz curve)'입니다.

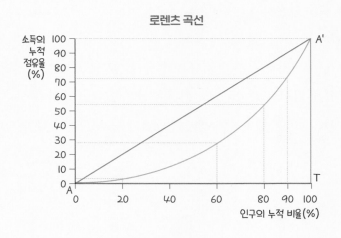

로렌츠 곡선

가로축은 원점을 기준으로 소득이 낮은 사람부터 높은 순서로 일렬로 쭉 줄을 세운 것이고, 세로축은 그 사람들이 차지하고 있는 소득을 나타내요. 파란색 대각선 AA'는 인구가 늘어날 때 소득도 똑같이 늘어나는 걸 말해요 (완전 균등). 연두색 ATA'선은 한 사람이 전체 소득의 100퍼센트를 차지하고, 나머지는 소득이 전혀 없는 상황(완전 불균등)을 의미합니다. 로렌츠 곡선이 파란 대각선 AA'에 가까워질수록 소득이 균등하게 분포되고 있다는 뜻이에요.

Q2. 우리나라의 로렌츠 곡선은 어떤 모습일까요?

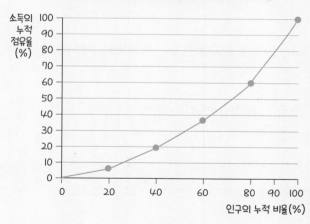

우리나라의 로렌츠 곡선(통계청 2020년 조사 기준)

앞의 그래프는 2020년 우리나라의 로렌츠 곡선이에요. 하단의 통계청에서 발표한 분위별 소득 점유율을 이용해 소득의 누적을 직사각형으로 그리고, 컴퓨터로 이에 해당하는 로렌츠 곡선을 그린 거예요.

우리나라의 분위별 소득 점유율(균등화 가처분 소득 기준)

소득 분위	연평균 소득(만 원)	소득 점유율(%)
1분위	1,079	6.8
2분위	2,157	12.5
3분위	2,999	17.4
4분위	4,021	23.3
5분위	6,892	40.0

출처: 통계청, 한국은행, 금융감독원(2020), 〈가계금융복지조사〉

Q3. 국가 간 소득 불균등 정도는 어떻게 비교할까요?

국가 간 소득의 불균등 정도를 비교할 때는 '지니계수'를 많이 사용해요. 다음 그래프에서 파란색 대각선 AA'와 빨간색 로렌츠 곡선 사이의 넓이를 P, 로렌츠 곡선 아래쪽 영역의 넓이를 Q라 할 때, 지니계수는 $\dfrac{P}{P+Q}$ 입니다. 완전히 균등하게 배분되어 있다면 P=0이므로 지니 계수는 0, 완전히 불균등하게 배분된 상태라면 P=1, Q=0이므로 지니계수는 1이 됩니다. 보통 0.4를 넘으면 소득 불균등이 심한 것으로 평가해요.

지니계수를 계산하려면 P영역과 Q영역의 넓이가 필요해요. Q영역의 넓이를 구하면, P영역의 넓이는 직각삼각형 ATA'의 넓이에서 Q영역의 넓이를 빼면 됩니다. 따라서 Q영역의 넓이를 구하면 지니계수를 구할 수 있겠지요? 하단 그래프에서 가로축은 한 구간의 크기를 20으로 하여 다섯 개 구간으로 나누었는데요, 구간을 매우 잘게 나누고 각각의 직사각형 넓이를 구한 뒤 합하면 Q영역의 넓이에 가까워질 거예요. 176쪽 그래프처럼요.

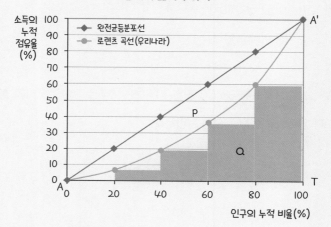

Q영역의 넓이 구하기

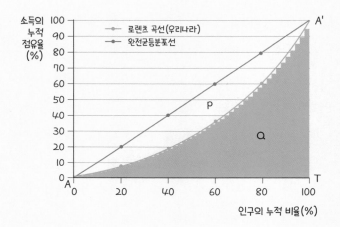

구간을 더 잘게 나눈다고 상상해 봐요. 그럼 각 직사각형 넓이의 합이 Q영역의 넓이가 되지 않을까요? '무한히 잘게 나누어 합하기'라는 개념을 수학에서는 '정적분'이라고 불러요.

이렇게 계산해서 나온 우리나라의 지니계수는 2020년 통계 기준 0.331로 나왔어요. 2011년 0.388에서 점차 감소하는 추세로, 소득 분배의 불평등 정도가 완화되고 있는 것으로 보입니다.

03

멸종 위기 아프리카 코끼리를 구하라!

낚시 게임[12]을 하며 체험해 본 공유 자원의 비극

가을 햇살 아래, 점심을 먹고 운동장에서 신나게 축구를 하던 실험경제반 친구들은 오후 수업 시작 종소리에 놀라 후다닥 동아리 교실로 뛰어왔다. 교실이 평소와는 다르게 조용하고 깜깜했다.

"늦은 줄 알았는데 다행이다. 선생님은 아직 안 오셨나 봐."

재준이가 불을 켜려는 순간, 교탁 아래서 뭔가 꿈틀거렸다.

"깜짝이야! 선생님?"

"왔니? 화면이 안 나와서 보니 코드가 빠졌더라고……."

나 선생은 배시시 웃으며 말했다.

"아유, 놀래라. 귀신인 줄 알았어요. 불 켜고 하시지."

"그러게 말이야. 다들 앉아. 영상 한 편 보고 시작하자. 아프리카 얘기야."

교실 스크린에 아프리카 초원의 풍경이 펼쳐졌다. 평화로운 풍경도 잠시, 코끼리 여러 마리가 죽어 있었다. 아기 코끼리는 엄마 코끼리가 자는 줄 아는지 죽은 엄마 곁을 맴돌고 있었다. 케냐의 국립공원에서 코끼리 가족 열한 마리가 한 번에 죽었다는 내레이션과 함께 설명이 이어졌다. 코끼리 상아가 고가에 거래되어, 이를 얻기 위한 코끼리 밀렵이 성행하고 있다고 했다. 케냐 정부에서 밀렵 단속을 강화하고 있지만 쉽사리 문제가 해결되지 않고 있다는 내용이었다.

"상아가 뭐라고! 코끼리들 너무 불쌍하다!"

"저 밀렵꾼들!"

충격적인 영상에 친구들이 숨을 죽이고 보다가 한마디씩 했다.

나 선생은 영상이 끝날 무렵, 교탁 아래로 몸을 숨겼다가 가면을 쓰고 등장했다.

"안녕하세요, 저는 케냐 대통령 우후루예요. 저희가 큰 어려움을 겪고 있어 여러분을 찾아왔어요. 여러분 모두 UN 경제사회이사회 자문위원이시지요?"

"네, 저희가 UN…… 그 뭐냐……."

"UN 경제사회이사회 자문위원 맞습니다."

창민이와 경호가 능청스럽게 답했다.

"요즘 코끼리 밀렵이 심각합니다. 국립공원을 단속하는 경찰 수도 늘리고 밀수출되는 상아를 찾으면 모두 태워 버렸어요. 코끼리 발에 GPS 장치를 달아서 위치를 추적하기도 했죠. 그럼 뭐 합니까? 독화살을 헬리콥터에서 쏘기도 하고 밀렵 수법이 점점 진화하고 있어요. 이 문제를 어떻게 해야 해결할 수 있을까요? 세계적인 전문가이신 여러분들의 도움이 절실히 필요합니다."

말을 마친 나 선생은 뒤돌아서서 가면을 벗은 후, 천연덕스럽게 말했다.

"애들아, 방금 케냐 대통령이 다녀가셨다며?"

"네, 저희가 UN 자문위원이라고 하던데요?"

"잠시만! 실험경제반 친구들로 돌아와 줘. 이야기를 좀 더 나눈

다음에 다시 UN 자문위원 역할로 바꾸자."

"네, 그러죠. 선생님."

선아가 웃으며 말했다.

공유 자원,
어부들이 약속을 지키지 않는 이유

잠시 후, 나 선생은 커다란 훌라후프를 교실 바닥에 내려놓으며 말을 이었다.

"이 훌라후프 속 공간은 바다야. 여기 물고기들도 있어."

여러 물고기 사진을 붙인 과자, 음료수를 훌라후프 안에 넣었다.

"모두 훌라후프 바깥에 둘러앉아 볼래? 여기 있는 간식, 아니 물고기를 잡을 수 있는 시간을 30초씩 두 번 줄 거야. 첫 번째 30초 시기에 낚은 물고기는 그냥 가지면 돼. 그런데 잠시 기다렸다가 두 번째 30초 시기에 주우면 물고기를 하나 더 줄 거야."

"1+1이라고요?"

경호가 눈을 반짝이며 되물었다.

"응, 물고기를 한 마리 잡은 사람한테 한 마리 더 준다는 거지. 두 마리 잡았으면 두 마리 더 주고! 그러니까 조금 기다렸다가 잡으면 더 좋겠지? 근데 첫 번째 시기에 다 잡아서 물고기가 한 마리도 없어도 물고기를 더 채우진 않을 거야. 모두 함께 기다렸다가 두 번째 시기에 잡으면 좋긴 해. 하지만 첫 번째 시기에 잡아도 되는 거야. 그럼 시작할까?"

"네, 좋아요!"

홀라후프 주위에 둘러앉아 있는 친구들을 보며 나 선생이 외쳤다.

"첫 번째 낚시, 30초 시작!"

나 선생의 이야기가 끝나기 무섭게 모두 홀라후프 안으로 팔을 뻗어 간식을 낚아챘다. 서로 밀치면서 마지막 남은 하나까지 싹 가져가서 홀라후프 안은 순식간에 텅 비어 버렸다.

"자, 두 번째 낚시, 30초 시작!"

"선생님, 아무것도 없는데요? 낚시할 물고기가 없어요."

"그래도 하기로 했으니까 하는 거야."

나 선생이 말했다. 30초 동안 모두 멀뚱멀뚱 빈 홀라후프만 쳐다보았다.

"끝! 이제 자리로 돌아가 간식을 먹으면서 얘기해 보자."

"전 먹을 과자가 없어요! 치사하게 첫 번째 시기에 안 줍겠다고 하고는 다들 집어 가지 뭐예요."

"저도 하나도 못 주웠어요!"

"경호는 세 개나 있잖아? 나도 좀 줘."

창민이와 재준이는 투덜대며 자리에 앉았다.

"혹시 참다랑어, 복어 등의 물고기가 멸종 위기라는 얘기 들어 봤어? 우리 반에서 일어난 일이 실제로도 일어나고 있는 거야."

나 선생이 진정하라는 손짓을 하며 말했다.

"우리가 어부가 된 거였구나. 그래서 과자랑 음료수에 물고기 사진을 붙이셨군요?"

경호가 과자 봉지를 뜯으면서 말했다.

"경호야, 아까 창민이랑 두 번째 시기에 줍자고 약속했다며?"

"근데 제가 안 주우면 다른 아이들이 가져갈 것 같았어요. 이런 약속은 지키기 힘들죠."

입에 과자를 잔뜩 넣고 우물거리며 경호가 대답했다.

"그래도 두 번째까지 기다릴 수 없었을까? 그러면 간식이 더 많이 생기잖아."

"그렇긴 한데요, 모두 같이 기다린다는 보장이 없잖아요. 제가 기다렸으면 다른 애들이 먼저 가져갔을 거예요."

"그러게. 실제로 어촌 마을에서도 이런 일들이 일어난대. 물고 기를 한꺼번에 너무 많이 잡으면 물고기가 멸종되니까 개체 수가 유지될 정도로만 잡자고 어부들끼리 약속해도 잘 안 지켜지는 거 지. 물고기가 알을 낳고 그 알이 부화해서 성장할 때를 기다려서 적당히 잡으면 개체 수가 유지되어 모두에게 좋은 걸 알아. 그래서 일정량 이상은 잡지 말자고 약속을 해. 그런데 다른 사람들이 모두 약속을 지킨다면 나 하나쯤 물고기를 좀 더 잡아도 괜찮다고 생각해. 남들보다 더 많이 잡을 수 있으니까. 만약 다른 사람들이 약속을 안 지키고 많이 잡는데 나만 약속을 지키면 손해니까."

나 선생의 말에 선아가 말을 이었다.

"다른 사람들이 약속을 지키든 안 지키든 나는 약속을 안 지키는 게 유리하단 거군요. 그래서 약속은 지켜지기 어렵고."

"이거 지난 시간에 공기청정기의 필요성은 알지만 다들 서로 비용을 내지 않고 무임승차하려고 한 거랑 비슷한데요?"

재연이가 지난 수업 시간에 정리한 메모를 살펴보며 말했다.

"맞아. 우리 각자 주어진 돈 중에서 일부 또는 전부를 공공 통장에 내서 일정 수준 이상이 되면 공기청정기를 사기로 했는데 그게 잘 안 됐었지? 그때도 다른 사람이 돈을 내든 안 내든 나는 내지 않는 게 유리하니까 그렇게 되었고."

"다른 사람이 어떤 행동을 하든지 내게 유리한 게 있고 그 행동을 할 때 사회 전체에 안 좋은 영향을 미친다는 게 비슷하네요."

굳은 표정으로 규현이가 덧붙였다.

"모두 잘 기억하고 있네. 교실에 공기청정기를 설치하면 그로 인한 혜택은 비용을 냈든 안 냈든 상관없이 누구나 누릴 수 있잖아. 비용을 내지 않은 사람을 소비에서 배제시킬 수 없는 특징 때문에 무임승차의 유인이 생기고, 그로 인해 공공재가 충분히 생산되지 않는 문제가 있었지. 하지만 코끼리나 물고기처럼 고갈되는 문제는 없었어. 그건 내가 가로등 불빛의 혜택을 누린다고 다른 사람의 혜택이 줄어들지는 않으니 많은 사람들이 사용한다고 해도 문제가 안 된 거야."

"그렇죠. 경합성이 없었죠."

규현이가 고개를 끄덕이며 말했다.

"그런데 바다의 물고기는 내가 잡아서 먹으면 다른 사람은 그 물고기를 잡을 수 없지. 바다에 나가 물고기를 잡는 건 누구나 할 수 있는데(누구를 배제시키지 못하는데), 내가 물고기를 잡은 만큼 없어지니까 고갈의 문제가 생기는 거야. 이렇게 소비에 있어 배제성은 없는데 경합성이 있는 걸 '공유 자원(common resources)'이라고 불러. 공유 자원이 과도하게 사용되어 고갈되는 문제를 '공유 자원의 비극'이라고도 해. 초원의 코끼리나 바다의 물고기 모두 공유 자원인 셈이야."

"공공재랑 공유 자원은 차이가 있네요!"

재연이가 말했다.

"그런데 참다랑어, 복어, 코끼리는 멸종 위기라고 하는데, 왜 우리가 즐겨 먹는 닭, 소, 돼지는 멸종된다는 말이 없을까? 그런 말 들어 본 사람 있어? 닭이 멸종되어 우리가 치킨을 더 이상 못 먹을 거라는?"

"그야…… 닭이나 소는 워낙 개체 수가 많아서가 아닐까요?"

"그런가? 우리 이번에도 게임을 하면서 알아볼까?"

시현이의 대답에 나 선생이 게임을 제안했다.

공유 자원의 비극, 참다랑어, 복어, 코끼리의 멸종 위기를 막으려면?

나 선생은 커다란 돗자리를 교실 바닥에 펼친 후 닭 그림이 붙여진 간식을 놓기 시작했다. 돗자리 무늬가 바둑판처럼 여덟 구역으로 나뉘어 있었는데 각 구역엔 간식의 개수를 다르게 놓았다.

"이번엔 번호표를 나눠 줄게. 번호에 맞는 구역에 가서 앉자!"

각자 자신이 가진 번호가 적힌 구역으로 가서 자리를 잡았다.

"다들 자기 자리에 앉은 거지? 그곳은 자기 구역이야. 한마디로 '내 땅'이란 거지. 그래서 다른 사람이 침범할 수 없어. 다른 사람 땅에 있는 닭을 가져가는 사람은 도둑이라 게임에서 아웃! 게임 룰은 훌라후프 낚시 때랑 똑같아. 30초씩 두 번 줍는 시기를 주는

데 두 번째 시기에 주우면 간식이 두 배가 되는 거야! 첫 번째 시기, 시작!"

이번엔 모두 자기 자리에 앉아서 멀뚱멀뚱 서로를 바라보았다.

"자, 두 번째 시기, 시작!"

두 번째 시기가 되자 다들 자기 구역에 있는 간식을 주웠다.

"선생님! 전 닭 두 마리! 1+1이니, 앗싸! 과자 네 개!"

재준이가 기뻐하며 소리쳤다. 다른 친구들도 모두 간식을 가지고 자리에 앉았다.

"이번엔 왜 첫 번째 시기에 안 주운 거야?"

나 선생이 물었다.

"그야, 당연히 30초만 기다리면 두 배가 되잖아요! 뺏길 염려도 없고요!"

선아가 대답했다.

"아까도 30초만 기다리면 많아지는 건 같았는데, 그땐 뺏길 염려가 있었지! 이게 바로 소나 닭은 멸종이 안 되는데 코끼리와 복어는 멸종 위기인 이유야."

나 선생의 말에 경호가 말을 이었다.

"'내 꺼'면 더 잘 관리한다는 거군요!"

"그렇지. 양계장을 운영하는 사람이 한 번에 닭을 다 잡아 팔진 않잖아. 닭이 알을 낳아 부화하고 자라기를 기다려서 닭의 수를 유지하면서 조금씩 팔 거야. 동물들 건강 관리를 위해 노력하기도 하고 말이야."

재연이가 눈이 반짝이며 뭔가 생각났다는 듯 말했다.

"그래, 이거야! 케냐 문제 해결! 코끼리가 사는 초원을 사람들한테 팔거나 일정 기간 소유권을 줘서 그 땅과 코끼리를 관리하게 하면 케냐의 코끼리 수를 유지할 수 있을 듯해요!"

"저도 동의해요. 학교 화장실 휴지를 다들 막 써서 금방 떨어졌잖아요? 공용 휴지를 없애고 나서 개인 휴지를 가지고 다니니 아껴 쓰게 돼요! 누구의 것도 아닌 건 막 쓰게 되니까요. 소유권을 주면 어느 정도 해결할 수 있을 거예요!"

시현이가 덧붙였다.

"그래, 그럴 수 있겠다. 그럼 이 내용으로 케냐 대통령에게 편지를 써 볼까? 그럼 오늘은 여기서 끝! 편지 써 오기로 약속!"

케냐 대통령께 드리는 편지

안녕하세요, 우후루 대통령님.

케냐의 상황이 정말 안타깝습니다.

코끼리, 코뿔소는 멸종 위기에 처하는데 닭이나 소는 그렇지 않은 이유를 생각해 봤습니다. 저는 주인이 있고 없고의 차이라고 생각합니다. 양계장 주인이나 목장 주인은 자신의 재산인 닭과 소의 개체 수를 유지하고자 노력합니다. 예방 접종도 하고 항생제 주사도 놓고 절대 한 번에 잡거나 팔지 않아요. 국립공원의 땅을 팔아 소유권을 부여하면 주인은 코끼리들을 철저히 관리하겠지요. 남의 재산을 함부로 사냥하지 못할 거고요.

실제로 짐바브웨에서도 케냐의 상황과 비슷한 문제가 있었다고 합니다. 코끼리가 사는 땅을 사유화하면서 문제가 개선되었다고 해요.

부디 코끼리들이 안전하게 잘 살 수 있게 되길 기원합니다.

수학적 사고를 더해요 ⑦

* 수학 개념: 게임 이론(죄수의 딜레마)

Q. 공유 자원이 비극을 맞는 이유는 무엇일까요?

공유 자원이 고갈되는 문제도 죄수의 딜레마 보수 구조와 동일해요. 공유 자원의 비극은 가렛 하딘(Garrett Hardin)이 발표한 논문[13]에서 사용한 우화를 통해 설명하는 경우가 많아요.

중세시대에 양을 키워 양털을 팔아 생활하는 마을 주민들이 공동으로 사용하는 초원이 있는데, 양의 수가 너무 많으면 풀이 스스로 자라는 능력을 초과해 초원이 황폐해졌습니다. 이를 방지하기 위해 서로 적정 수의 양만 키우기로 약속을 했어요. 목동 둘을 게임 구조로 놓고 분석해 볼게요.

두 목동이 모두 약속을 지키면 각각 8의 이득을 얻고, 둘 다 약속을 어기면 각각 4의 이득을 얻어요. 만약 한 명이 약속을 어기고 양을 많이 키우면 그 목동은 12의 이득을 얻고, 약속을 지킨 목동은 2의 이득을 얻어요. 두 목동이 모두 자신의 이익만을 생각한다고 가정하고 분석해 볼까요?

목동 1, 2의 게임 구조를 표로 정리하면 다음과 같습니다.

약속 이행에 따른 두 목동의 보수 구조

		목동2	
		약속 지키기	약속 어기기
목동1	약속 지키기	8, 8	2, 12
	약속 어기기	12, 2	4, 4

목동1의 입장에서 목동2가 약속을 지킨다고 생각할 때 자신이 약속을 지키면 이득이 8이고, 어기면 이득이 12이므로 약속을 어기는 편이 유리해요. 목동2가 약속을 어긴다고 생각할 때 목동1이 약속을 지키면 이득이 2, 어기면 이득이 4이므로 이번에도 약속을 어기는 게 유리합니다.

서로 어떤 전략을 취하든 자신은 약속을 지키지 않는 게 유리한 구조가 되어 목동 모두 약속을 어겨서 공유지가 황폐화되는 비극을 맞이하게 됩니다. 이를 '공유지의 비극'이라 불러요. 하지만 현실에서는 공동체의 자치적인 협약으로 공유지를 잘 관리하는 사례가 꽤 있습니다. 어떤 제도와 문화가 바탕이 될 때 공유지의 비극을 희극으로 바꿀 수 있을까요? 여러 학자들이 이를 연구하고 사회에 적용하려고 노력하고 있어요. 여러분도 이에 대해 생각해 보고 친구들과 함께 토론해 보는 건 어떨까요?

04

공유 자원의 비극을 희극으로!

공동체 협약을 통한 공유 자원 관리의 긍정적 사례

다음 날 아침, 선아와 재연이가 나 선생을 찾아왔다.

"선생님, 어제 수업이 끝나고 고민되는 게 있어서 왔어요. 코끼리 문제는 땅을 소유하게 해서 해결해도 바닷속 물고기는 어찌 살리죠? 바다를 나눠서 팔 수도 없잖아요!"

"저는 코끼리가 사는 땅을 나눠서 파는 것도 코끼리들에게 끔찍한 일이라는 생각이 들었어요. 코끼리 가족이 헤어질 수도 있잖아요. 예전에 아프리카의 국경선을 제국주의 열강들이 분할하면서 같은 부족이 여러 나라로 흩어진 것처럼요."

"맞아요. 어제 보여 주셨던 영상에서도 아기 코끼리가 죽은 엄마 옆을 안 떠나는 걸 보면, 코끼리들이 가족과 떨어지면 힘들어 할 것 같아요. 또 넓은 초원에서 노는 거랑 울타리가 쳐진 좁은 곳에서 지내는 건 다를 것 같고요."

선아와 재연이는 영상에서 본 코끼리들을 생각하면 마음이 아프다며 말했다.

"내가 코끼리들이 스트레스를 받을 수 있다는 건 미처 생각하지 못했어. 바닷속 물고기들도 그렇고 말이야."

나 선생이 말했다.

"어획량을 규제해도 잘 안 지켜지나 봐요."

재연이의 이야기에 나 선생이 물었다.

"정부에서 어획량을 잘 지키는지 감시하도록 어촌에 공무원을 파견하면 어떨까?"

"케냐에서도 감시, 규제를 엄청했는데도 해결이 안 됐던 거잖아요."

선아가 답답하다는 듯 말했다.

"정부가 해결하느냐, 기업이 해결하느냐도 해결되지 않는 고민이지. 그런데 지역 주민들과 협약을 맺고 잘 지켜 나가는 곳들도 있대."

나 선생의 말에 두 친구 모두 눈이 동그래지며 동시에 물었다.

"어딘데요?"

공유의 비극을 극복한 마을들, 터키 어촌 마을과 발리 계단식 논의 비밀은?

"터키의 알라니아라는 어촌 마을에서 1970년대엔 주민들끼리 서로 물고기를 더 많이 잡겠다며 다툼이 끊이지 않았대. 물고기가 잘 잡히는 곳을 서로 차지하겠다며 다퉜던 거지."

"그런데요?"

"문제가 너무 심각해지니까 사람들이 모여서 공동체 협약을 맺었대. 단순히 어획량에 대한 약속만 한 게 아니고 물고기가 잘 잡히는 장소를 이용할 수 있는 순서를 정한 거야."

"아, 오늘은 내가 그곳에서 일할 날인데 다른 사람이 와 있으면 신고가 가능하겠네요?"

"자연스럽게 서로 감시할 수 있겠군요."

선아와 재연이는 뭔가 해결의 실마리를 찾은 듯 신나 하며 말했다.

"마을이 작고 사람들끼리도 잘 아니까 평판이 나빠지면 그곳에 살기가 힘들어지지 않겠어? 그래서 더 잘 지키게 된 측면도 있을 거야."

"그렇겠네요. 좁은 마을에서 평판이 안 좋아지면 끝장이죠."

"공동체 협약이 잘 지켜지는 다른 지역도 있나요?"

재연이가 물었다.

"응, 네팔과 인도네시아 발리 섬에 계단식 논이 있는데…….."

나 선생은 컴퓨터에서 사진을 찾아서 보여 주며 말했다.

"이렇게 산지인데 농사를 지으려고 계단처럼 깎아서 만든 논이야. 산 위쪽에 호수가 있고, 시냇물이 관개수로를 거쳐서 상류에서 하류로 흐른대. 물이 충분하지 않아서 상류 지역 농민들이 물을 많이 쓰면 하류 지역 농민들이 농사를 지을 물이 없대. 그래서 상류 지역 사람들은 하류 지역 사람들을 위해 물을 조금만 사용한대. 하류 쪽 사람들은 고맙다고 상류 쪽에 사는 사람들에게 선물을 주고."

나 선생의 이야기에 빠져들어 듣고 있던 재연이와 선아는 눈을 반짝이며 말했다.

"완전 훈훈한 이야기네요! 공유 자원의 비극이 아닌 희극!"

"선생님은 이런 얘기를 어떻게 아세요?"

선아의 질문에 나 선생은 서랍에서 책 하나를 꺼냈다.

"여기 그런 사례들이 있어. '어떻게 하면 공유 자원의 비극이란 암울한 현실에서 벗어나서 협력할 수 있을까'를 고민하던 엘리너 오스트롬(Elinor Ostrom)이라는 학자가 전 세계를 다니며 이런 사례들을 찾았고, 〈공유의 비극을 넘어〉라는 제목으로 논문을 낸 거야. 1990년에 발표한 논문[14]인데, 그로부터 20년 후 공로를 인정

받아 노벨 경제학상을 받았어. 한 번 읽어 볼래?"

선아는 책을 받아들며 말했다.

"네, 재밌겠어요! 저 진짜 어떻게 하면 협력하는 사회를 만들까 고민했거든요. 근데 사례가 대부분 작은 마을인 것 같아요. 역시 큰 도시에선 이런 게 힘든 걸까요?"

"응, 아무래도 작은 공동체가 자치 협약을 지키기 수월한 측면이 있나 봐. 아까 말했듯 마을에서의 평판도 더 중요할 거고."

"어떤 제도나 문화가 사람들을 협력적으로 만들까요?"

재연이가 물었다.

"그러게 말이다. 사람들이 서로 배려하고 모두에게 좋은 방향으로 협력해 나갈 수 있는 사회적 제도와 문화를 만들어 나가는 게 우리 모두의 바람 아닐까? 너희가 연구해서 세계에 도움을 주고 노벨상도 받았으면 좋겠어!"

"선아가 읽은 후에 저도 이 책 봐도 돼요?"

"물론이지. 둘 다 천천히 보고 주렴."

무거운 마음으로 고민을 안고 왔던 두 친구는 한결 편안해진 표정으로 인사하고 돌아갔다.

수학적 사고를 더해요 ⑧

* 수학 개념: 게임 이론(죄수의 딜레마)

Q. 선행 학습도 죄수의 딜레마일까요?

요즘 경쟁적으로 선행 학습을 하는 것도 전략적 상황일 수 있어요. 다른 친구들은 미리 공부하는데 나만 안 하면 뒤처질지 모른다고 생각해서라거나, 다른 친구들이 하지 않을 때 앞서 나가야 입시에 더 유리하다고 생각해서 한다면 말이에요. 선아와 경호 두 친구가 다음과 같은 상황이라고 생각하고 분석해 볼까요?

선아와 경호는 서로 더 높은 점수를 받고 싶어 해요. 둘 모두 선행 학습을 하지 않고 현행 학습을 충실히 하면, 둘 다 A를 받고, 건강도 유지되어 가장 좋아요(이익 8). 두 친구가 무리한 선행 학습을 하면 둘 다 A를 받지만 건강을 해쳐요(이익 4). 그런데 한 친구만 선행 학습을 하는 경우, 선행 학습을 한 친구는 A⁺를 받고(이익 10), 선행 학습을 하지 않은 친구는 B를 받아요(이득 3).

이때의 이익을 표로 정리하면 다음과 같습니다.

선행 학습 유무에 따른 이익

		경호	
		선행 학습 하기	선행 학습 하지 않기
선아	선행 학습 하기	4, 4	10, 3
	선행 학습 하지 않기	3, 10	8, 8

두 친구 모두 상대가 어떤 행동을 하든 '선행 학습 하기'가 유리한 행동이 되어, 둘 다 선행 학습을 하게 될 거예요. 둘 다 선행 학습을 하지 않고 현행 학습을 충실히 하면 모두에게 가장 좋지만 결국 두 사람 다 선행 학습을 하는 상황을 맞게 되는 거죠.

극단적으로 상황을 제시하긴 했지만 무리해서 선행 학습을 하는 경우를 종종 봅니다. 이 상황도 죄수의 딜레마가 아닐까요?

공공재, 공유 자원 문제와 재산권 확립의 관련성을 알아보자!

1) 재화의 두 가지 유형

공원, 가로등, 놀이터 등 우리 주변에는 무료로 이용하는 재화나 서비스가 있습니다. 가격이 없는 이런 것들은 수요와 공급의 원리에 의해서는 생산될 수 없지요.

일반적으로 재화의 유형을 나눌 때, 두 가지 기준으로 구분합니다. 앞에서 살펴본 배제성과 경합성입니다. 보통 가격을 지불하고 소비하는 대부분의 재화는 배제성과 소비에 있어 경합성을 가집니다. 편의점의 음료수를 예로 들면, 가격을 지불하지 않은 사람은 소비할 수 없으니 배제성이 있고, 누군가 주스를 사서 마시면 그 사람이 마신 주스를 다른 사람이 마실 수 없으니 경합성이 있습니다. 배제성과 경합성의 특성이 모두 있는 재화를 사적 재화라고 합니다. 배제성도 없고 소비에 있어서의 경합성도 없는 재화는 공공재라고 해요. 가로등을 떠올려 보세요. 일단 가로등이 켜지면 특정 개인에게 이용하지 못하게 막을 수 없고(배제성이 없고), 어떤 사람이 가로등의 불빛을 이용하고 있다고 해서 다른 사람의 소비에 전혀 지장을 주지 않습니다(소비에 있어서 경합성이 없습니다).

공유 자원은 배제성은 없으나 소비에 있어서 경합성은 있는 재화입니다. 야생 동물, 바닷속 물고기들이 이에 해당됩니다. 바닷속 물고기는 누구나 잡을 수 있으나(배제성이 없으나), 어떤 사람이 물고기를 잡으면 그만큼 다른 사람이 잡을 수 있는 물고기 수는 줄어듭니다(소비에 있어 경합성이 있습니다).

배제성은 있는데 소비에 있어서 경합성이 없는 재화도 있습니다. 넷플릭스, 디즈니플러스, 왓챠 같은 OTT플랫폼을 생각해 보세요. 요금을 내야 이용할 수 있지만(배제성은 있지만), 한 사람이 넷플릭스를 이용한다고 해서 다른 사람의 소비에 지장을 주지 않습니다(경합성이 없습니다). 이런 재화는 클럽재(club goods)라고 부릅니다. 보통 클럽재는 생산 초기에 비용이 많이 들지만 이후에 추가되는 비용이 매우 적어요. 그래서 어떤 회사가 이미 생산하고 있다면 그 산업으로의 진입이 쉽지 않은 경우가 많습니다.

재화의 4가지 유형

		소비에 있어서 경합성	
		있음	없음
배제성	있음	사적 재화: 볼펜, 사과, 학원 수강, 막히는 유료 도로 등	클럽재: OTT, IPTV 등
	없음	공유 자원: 야생동물, 바닷속 물고기, 막히는 무료 도로 등	공공재: 가로등, 치안, 국방, 기초과학 연구, 막히지 않는 무료 도로 등

- **배제성:** 사람들이 재화를 소비하는 것을 막을 수 있는 성질
- **소비에 있어서 경합성:** 어떤 사람이 재화를 소비하면 다른 사람이 그 재화 소비에 제한을 받는 성질

2) 특허 제도와 혼잡 통행료의 공통점

코로나바이러스감염증-19로 전 세계 제약회사들이 백신 개발에 매진했고 화이자, 얀센, AZ, 모더나 등 여러 회사에서 백신을 내놓았습니다. 이들 각 회사의 백신은 제조 방법도 다르고 효능에도 차이가 있어요. 전 세계 사람들이 빠르게 백신을 접종할 수 있도록, 백신을 개발한 회사들이 제조 방법을 공유해서 여러 회사들이 제조할 수 있으면 좋을 텐데요.

백신이나 약에 대한 연구는 공공재적 특성을 가집니다. 연구한 기술이 공개되면 누구나 사용할 수 있고, 누군가 사용한다고 해도 그 기술이 그만큼 없어지는 게 아니니까요. 하지만 연구 개발하는 데 시간과 노력을 포함해 비용이 엄청 들어가니, 개발되는 순간 기술이 노출된다면 아무도 연구하려고 하지 않을 거예요. 그래서 특정 지식 기술에 대해 특허 제도를 통해 배타적인 권리를 부여하고 있습니다. 일정 기간 동안은 개발한 사람이나 회사만 사용할 수 있도록 하는 것이지요.

만약 특허받은 기술을 사용하고 싶다면 발명한 사람에게 특허 사용료를 내야 합니다. 특허 제도가 공공재의 특성을 지니는 지식 기술을 사적 재화

로 만들어 주는 셈이지요.

　무료로 사용하는 도로는 공공재이기에 무임승차의 유인이 생겨 충분히 공급되기 힘듭니다. 그래서 나라에서 세금을 거두어 생산합니다. 그런데 출퇴근 시간의 도로를 생각해 보세요. 막히는 도로는 공유 자원의 특성이 있어요. 안 그래도 막히는데 어떤 사람이 차 한 대를 더 가지고 나오면 더 막히게 되니까요. 이런 도로는 혼잡 통행료를 받습니다. 요금을 부과하면 다른 길을 이용하고자 하는 사람이 생겨 혼잡이 줄어들 테니까요. 혼잡 통행료 징수는 공유 자원인 막히는 도로를 사적 재화로 만들어 주는 셈입니다.

제4장

공정성의 경제학:
경제적 이익을 위해서만
행동하지 않는 사람들

01

1만 원을 친구와 나눈다면 얼마를 줄까?
몫 나누기 게임[15]으로 배우는 협상의 기술

　재연이, 경호, 재준이가 교실에 들어서자, 나 선생은 들고 있던 만 원짜리 지폐를 흔들며 인사했다.

　"빨리 온 자네들, 이거 받게나."

　나 선생은 빨리 도착한 세 명의 친구들에게 1만 원씩 주었다.

　"진짜 주시는 거예요?"

　돈을 받고서 놀라 묻는 재연이에게 나 선생은 미소 지으며 답했다.

　"이 돈은 갖게 될 수도 있고 아닐 수도 있어. 네 제안에 응답하는 사람에게 달렸느니라!"

"제안이요?"

"응, 너희는 오늘 제안자야. 나머지 친구들 네 명은 응답자고. 각각 한 명의 응답자와 몫을 나눠 갖는 게임을 할 거야. 물론 응답자가 누가 될지는 나도 몰라."

나 선생은 알쏭달쏭하게 답했다.

잠시 후, 실험경제반의 일곱 친구들이 모두 모였다.

"오늘 빨리 온 친구 세 명은 1만 원씩 받았어. 돈을 못 받은 네 명은 누굴까?"

창민이, 선아, 규현이, 시현이가 손을 들었다.

"각자 자신의 이름을 종이에 적고 안 보이게 접어서 내게 줘."

나 선생은 네 사람의 이름이 적힌 쪽지들을 종이 상자에 넣고 제안자 세 명에게 하나씩 뽑게 했다.

"쪽지에 적힌 사람이 오늘 몫을 나눠 가질 응답자야! 누구를 뽑았는지 아직은 열어 보지 마. 이제 재연이, 경호, 재준이 이 세 사람은 아까 받은 1만 원을 쪽지 속 응답자와 얼마씩 나눌지 제안하는 거야. 돈은 0원에서 1만 원까지 응답자에게 자유롭게 몫을 나눠 주면 돼. 예를 들어 경호가 '1만 원 중에 너에게 3,000원을 줄게.'라고 제안하고 그걸 응답자가 수락하면 그렇게 나눠 가지면 돼. 하지만 여기서 주의해야 할 점은 제안자가 제시한 금액을 응답자가 거절했을 때는 둘 다 그 돈을 갖지 못한다는 거야! 돈은 선생님이 도로 가져간다는 얘기지! (웃음) 그럼 이제 시작해 볼까? 제안자들은 여기 종이에 자신의 응답자에게 제안하는 금액을 적어. 그러고 나서 응답자가 누군지 확인하고 종이를 전달하면 돼."

나 선생의 말에 제안자들은 각자 종이에 제안할 금액을 적었다. 뭔가 곰곰이 생각하며 적는 눈치였다.

"이제부터 제안을 받은 응답자들은 제안을 수락하거나 거절하면 되는 거야! 그럼 시작!"

공정성,
창민이가 1,000원을 받지 않은 이유는?

세 명의 제안자들은 쪽지를 열어 이름을 확인한 후, 제안 금액을 적은 종이를 응답자에게 건넸다.

"난 거절!"

"오케이! 수락!"

거의 동시에 여러 목소리가 들렸다.

"어디 거절하는 소리도 들렸는데, 누구지?"

나 선생이 물었다.

"경호가 자기는 9,000원을 갖고 제게 1,000원만 준다잖아요. 기분 나빠서 거절했어요! 선생님 다시 1만 원 가져가세요."

창민이가 씩씩대며 말했다.

"좋아, 약속은 약속이니까 내가 도로 가져갈게."

"야, 1,000원이라도 갖는 게 낫지, 안 그래? 왜 거절해서 나까지 못 갖게 만드냐?"

경호가 창민이를 쏘아보며 말했다.

"이건 게임이잖아. 둘 다 기분 풀고! 다른 두 팀은 모두 수락한 거야?"

"네!"

두 팀 모두 기분 좋아하며 답했다.

"그럼 재연이와 재준이가 응답자들에게 얼마를 제안했는지 살펴볼까?"

"전 4,000원이요!"

"저희는 5,000원!"

재연이와 재준이는 선아와 규현이에게 각각 4,000원, 5,000원을 제안했다.

"다들 거의 반반씩 넉넉하게 나누었네? 근데 우리 모두 자신의 경제적 이득만을 생각하는 사람이었으면 어떤 결과가 나타났을까?"

나 선생이 물었다.

"거절당하면 손해니까 너무 적지는 않게, 하지만 저보다 많으면 안 되니까 5,000원 이하를 제안하지 않았을까요?"

시현이가 말했다.

"그럼 입장을 바꿔서 생각해 보자. 제안을 받은 응답자 입장에서는 얼마 이상이면 수락하는 게 본인한테 이득일 것 같아?"

나 선생의 질문에 경호는 "1원이요!" 하고 답했다.

"1원이라도 갖는 게 안 갖는 것보다 낫잖아요?"

"그렇다면 제안자는 9,999원을 본인이 가지고 1원만 응답자에게 준다고 제안하겠지?"

"아유, 완전 야박한 인간인데요?"

재준이가 손사래를 치며 말했다.

"사람들이 모두 경제적 이득만 고려한다면 제안자는 최소 금액만 응답자에게 주고, 응답자는 그걸 수락할 거야. 그런데 실제로는 이번 게임의 결과처럼 그렇지 않았어. 여러 나라에서 이 게임을 진행했을 때, 보통 30~60퍼센트 사이의 금액을 응답자에게 제안했어. 그리고 20퍼센트 미만의 금액을 제안받았을 경우 상당수의 응답자가 거절했다고 해."

"그래, 사람은 따뜻한 마음을 가졌으니까! 경호 너처럼 하진 않아!"

창민이가 경호를 노려보며 말했다.

"그래도 사람들이 자신의 경제적 이익만을 생각하고 행동하는 건 아닌 것 같네. 적은 금액을 제안했을 때 거절하는 건 왜 그런 걸까?"

"불공평하다고 생각하니까요! 저도 그래서 거절했어요!"

창민이가 힘주어 말했다.

"그렇지, 공정하지 않다고 생각하는 마음에서 거절하는 것 같아. 창민이는 1,000원이란 비용을 들여서 불공정한 경호를 처벌한 것이나 다름없지. 자신의 1,000원을 포기하면서 경호도 못 받게 한 거니까. 이런 '공정'에 대한 마음이 사회제도나 문화를 형성하는 데에도 영향을 줄 거야. 너희 혹시 '지주-소작농' 관계를 아니?"

"지주면 땅 주인이요?"

됐수다!!

"소작농은 지주의 땅에서 농사를 짓고 생산물을 지주한테 주는 거 아닌가요?"

규현이와 시현이가 이어서 말했다.

"맞아, 근데 지주-소작농 관계에서 농산물을 얼마씩 나눴을 것 같아?"

"9:1 정도가 아니었을까요? 지주가 욕심이 많을 것 같거든요!"

여전히 화가 안 풀린 창민이가 경호를 노려보며 답했다.

상납 9할!

"역사적으로 살펴보면 거의 5:5로 나눴다고 해. 사람들의 공정에 대한 마음이 이렇게 만든 게 아닐까 싶어. 그럼 오늘 수업은 여기서 끝!"

"세상에 모두 경호 같은 사람만 있지 않아 다행이군요."

"난 원래 베푸는 걸 좋아하는 사람이야. 왜 그러셔?"

창민이와 경호는 여전히 티격태격했고, 시현이는 살그머니 손을 들며 말했다.

"선생님, 응답자 제비뽑을 때 제 이름이 안 뽑혀서요. 오늘은 다른 친구들이 하는 걸 구경했어요. 친구들의 행동을 관찰하며 재밌기도 했지만 조금 속상했어요. 또 이런 거 하면요, 공정성 차원에서 제가 제안자 하게 해 주세요!"

"그럴게. 다음에 또 하자!"

나 선생의 대답에 시현이가 웃으며 고개를 끄덕였고 모두 사이좋게 교실을 나갔다.

수학적 사고를 더해요 ⑨

* 수학 개념: 게임 이론(순차적 게임, 역추론)

Q. 역추론으로 몫 나누기 게임의 결과를 예측해 볼까요?

- -

실험경제반에서 진행한 몫 나누기 게임을 좀 더 자세히 살펴볼게요. 게임

참가자는 두 사람이고 한 사람에게 1만 원을 주면 그 사람이 제안자가 되어

응답자에게 어떻게 돈을 나눌지 제안합니다.

게임을 간단하게 분석하기 위해서 제안자는 자신이 9,000원을 갖고 응답자

에게 1,000원을 주는 제안(이하 9:1 제안)과 둘이 공평하게 반반씩 5,000원

을 나누는 제안(이하 5:5 제안) 중에서 하나를 선택할 수 있다고 해 볼게요.

둘 중 하나를 제안하면 응답자는 제안을 거부할 수도, 이를 받아들일 수도

있어요. 다만 응답자가 제안을 거부한다면 제안자와 응답자 모두 돈을 하나

도 갖지 못해요.

이처럼 순서가 있는 게임은 다음과 같은 그림으로 상황을 묘사할 수 있습

니다.

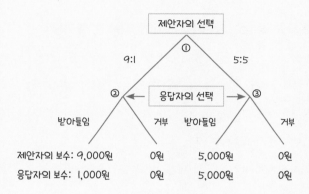

몫 나누기 게임의 구조

제안자의 선택

① 9:1   5:5

② 응답자의 선택 ③

받아들임   거부   받아들임   거부

제안자의 보수: 9,000원   0원   5,000원   0원
응답자의 보수: 1,000원   0원   5,000원   0원

제안자가 9:1 제안과 5:5 제안 중 하나를 선택하면 응답자는 이를 받아들이거나 거부할 수 있습니다. 먼저 응답자가 9:1 제안을 수락하면 게임은 ②에 도달하고, 응답자가 5:5 제안을 수락하면 게임은 ③에 도달하겠죠? ②와 ③에서 응답자는 제안을 받아들일지 거부할지 선택할 수 있습니다. 그리고 그림의 맨 밑에는 각각의 경우에 제안자와 응답자가 얻는 결과(보수)가 표시되어 있어요.

전통 경제학에서 가정하는 것처럼 사람들이 모두 자신의 경제적 이득만을 생각하고 행동한다면 어떤 결과가 나올지 예측해 볼까요? 이 경우에는 뒤에서부터 거슬러 올라가며 생각해 보면 좋아요.

먼저 제안자의 입장에서 생각해 봅시다. 제안자는 응답자가 자신의 이익만을 생각해서 행동하리라 예측할 거예요. 응답자는 거부함으로써 얻는 0원이라는 보수보다는 어떤 제안이 들어와도 이를 받아들여서 1,000원 혹은 5,000원의 보수를 얻을 수 있는 쪽을 선택할 거예요. 제안자가 9:1을 제안했을 때, 응답자는 이를 거부하면 0원을 얻고 받아들이면 1,000원을 얻으므로, 받아들이는 게 유리해요.

결과적으로 응답자는 어떤 제안이 들어오더라도 이를 받아들이는 게 거부하는 것보다 유리합니다. 따라서 응답자는 항상 제안을 받아들일 것으로 예측할 수 있지요.

그렇다면 제안자는 어떤 제안을 하는 게 유리할까요?

응답자가 어떤 제안도 받아들일 것으로 생각한다면 제안자는 9:1을 제안하는 게 자신의 이득을 최대로 얻을 수 있습니다. 따라서 제안자는 9:1로 나눌 것을 제안하고 응답자는 그 제안을 받아들이게 됩니다.

이런 방식으로 뒤에서부터 거슬러 올라가며 추론해 보는 방식을 '역추론(backward induction)'이라고 합니다.

역추론 방식을 다음 그림과 함께 살펴볼게요.

역추론으로 몫 나누기 게임 결과 예측하기

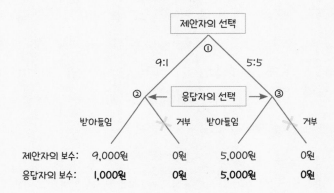

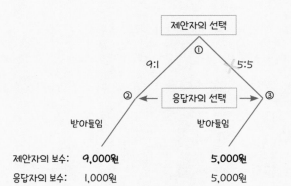

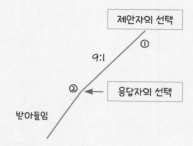

제안자가 9:1 제안을 하고 응답자가 ②에서 시작한다면, 응답자는 제안을 수락하면 1,000원, 거부하면 0원을 얻어요. 1,000원이 0원보다 크므로 응답자는 거부하지 않을 거라고 예측됩니다.

따라서 ②에서 출발하는 두 개의 가지 중 거부를 나타내는 가지는 지우세요(×로 표시할게요). 만약 제안자가 5:5 제안을 하면 응답자는 ③에서 뻗어나오는 두 가지 중 하나를 선택할 거예요. 이때 받아들이면 5,000원을 얻고 거부하면 0원을 얻으므로 응답자는 거부하지 않을 거예요. 여기서도 거부를 나타내는 가지는 지우세요.

이렇게 응답자가 행동할 것으로 예측하면 제안자는 어떻게 행동할까요? 제안자는 9:1을 제안하면 9,000원을, 5:5를 제안하면 5,000원을 얻습니다.

따라서 제안자는 9:1을 선택하겠지요. 이제 5:5를 나타내는 가지를 지우세요. 그러면 마지막 그림처럼 남아요. 경제학적으로 예측할 때, 제안자는 9:1을 제안하고 응답자는 받아들이겠네요.

하지만 실험경제반에서 몫 나누기 게임을 했을 때는 5:5에 가까운 제안이 더 많았고, 9:1을 제안받은 응답자는 거부했어요. 9:1 제안이 불공정하다고 느낀 응답자는 자신의 이득을 포기하면서도 과감히 제안을 거부한 것이죠. 전 세계 여러 국가에서 몫 나누기 게임으로 실험해 봤더니 결과는 비슷했다고 해요. 우리의 마음에는 경제적 이득보다 더 소중하게 여기는 것이 있는 게 아닐까요?

02

인정을 베풀면 돌아올까?

신뢰 게임[16]을 통해 알아본 호혜성[17]

지난 시간 시현이와의 약속을 잊지 않은 나 선생은 1,000원짜리 지폐를 여러 장 들고서 친구들과 인사했다.

"안녕, 애들아! 지난번에 시현이가 참여를 못했잖아. 내가 생각이 짧았지 뭐니. 오늘은 나도 참여해서 빠지는 사람 없이 게임을 하자! 시현이 먼저 5,000원 받으시고! 지난번에 응답자였던 사람들이 누구더라?"

"저희요!"

선아, 규현이, 창민이가 손을 들었다.

"좋아, 그럼 세 명에게도 5,000원씩!"

"선생님! 지난번에 제안자들에게는 1만 원씩 주셨잖아요! 왜 저희는 5,000원이에요?"

나 선생에게서 5,000원을 받아들며 창민이가 말했다.

"오늘은 게임 방식이 달라. 받는 금액이 더 커질 수도 있어! 게임 규칙을 설명할게. 지금 5,000원씩 받은 네 사람은 응답자에게 0원에서 5,000원 범위 내에서 돈을 줄 수 있어. 그런데! 응답자에게 돈이 전달되는 순간, 그 돈은 세 배로 불어나! 마법이 일어나는 거지. 응답자는 전달받은 돈의 일부 또는 전부를 제안자에게 돌려줄 수 있어. 물론 안 돌려줘도 되고."

"저희가 다시 거부하거나 수락하거나 하는 건 없고요?"

시현이가 물었다.

"응, 그게 끝이야."

"뭔가 제가 선택권이 없는 것 같은 느낌이 드는데요?"

"그렇지만 짝꿍에게 돈을 아예 안 줄 수도 있잖아. 처음 선택은 네게 달린 거지."

뭔가 미심쩍은 표정으로 재차 묻는 시현이에게 나 선생이 말했다.

"우선 응답자를 정하는 제비뽑기를 하자. 초기 금액 5,000원을 못 받은 경호, 재연이, 재준이는 종이에 이름을 적어서 여기 넣어! 나도 넣었어."

세 명의 친구들은 각자 자신의 이름을 적어 바구니에 넣었다.

"5,000원씩 받은 넷은 여기서 응답자를 뽑은 후에 응답자에게 가서 5,000원 범위 내에서 돈을 전달하면 돼! 오늘은 응답자가 누군지 확인하고 얼마를 줄지 결정하는 거야!"

"아, 이건 운명의 장난인가? 제 응답자는 경호예요!"

창민이는 몹시 실망한 얼굴로 경호에게 다가갔다. 창민이는 경호를 바라보며 한참을 고민하더니 결국 경호에게 돈을 건네지 않았다.

"미안! 난 널 도저히 못 믿겠어."

"날 믿어야지! 내가 얼마나 정의로운 사람인데!"

경호가 씩씩대며 말했다. 나머지 사람들은 규현이와 재연이, 시현이와 재준이, 선아와 나 선생이 짝꿍이 되었다.

규현이는 재연이에게 "난 널 믿는다!"라고 말하며 5,000원을 몽땅 건넸다. 재연이가 5,000원을 받으려는 순간, 나 선생이 웃으며 1만 원을 건넸다.

"전달되는 과정에서 세 배로 불어나는 마법이 있다고 했지? 내 손이 마법이야!"

1만 5,000원을 받은 재연이는 8,000원을 규현이에게 돌려주었다.

다른 친구들의 거래는 다음과 같이 이루어졌다.

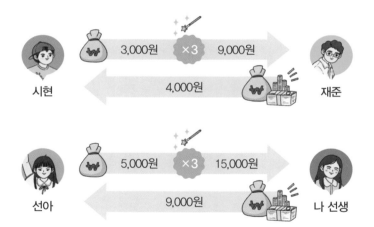

호혜성,
사람들은 경제적 이득을 기준으로만 생각하지 않는다

"규현아, 넌 어떻게 초기 금액 5,000원을 몽땅 재연이에게 준 거야?"

나 선생이 규현이에게 물었다.

"재연이는 워낙 정의를 중요하게 생각하잖아요. 약속은 꼭 지키는 친구고요! 재연이를 믿었죠."

"규현이가 재연이를 신뢰했구나. 재연이는 어떤 마음에서 8,000원을 돌려준 거니?"

"저야, 규현이한테 고마웠죠. 절 믿고 초기 금액을 몽땅 준 거니까요. 고마운 마음에 8,000원을 돌려줬어요."

"그럼 선아야, 넌 어떤 이유에서 나한테 받은 돈을 다 준 거야?"

"저도 선생님을 믿었어요. 선생님이 설마 제게 돈을 안 돌려주시겠어요?"

"그랬구나. 나를 믿어준 선아에게 나도 고마워서 9,000원을 돌려준 거야. 그럼 시현이는?"

"저도 재준이를 믿기는 했지만 100퍼센트 신뢰할 수는 없었어요. 재준이가 세 배로 불어난 돈을 혼자 꿀꺽 할 수도 있다는 마음이 조금은 있었거든요. 그래서 2,000원은 남겼어요."

"넌 날 그렇게 모르냐? 정의의 사나이를?"

시현이의 말에 재준이가 흥분해서 말했다.

"그래도 믿는 마음이 컸으니까 5,000원 중 3,000원이나 준 거 잖아!"

"뭐, 조금은 고마웠어. 그래서 나도 9,000원 중 4,000원을 돌려 준 거고!"

시현이와 재준이가 서로를 바라보며 말했다.

"창민아, 넌 경호를 믿기 힘들었나보다."

"네, 쟤는 자기 이익만 생각하니까요. 지난번에 몫 나누기 게임에서 경호가 제안자일 때도 9:1을 제안했잖아요. 그땐 1,000원이라도 줘야 제가 수락할 거라고 생각해서 그런 거고. 이번에는 제가 얼마를 주던 혼자 꿀꺽할 게 뻔했다고요!"

"넌 나랑 절친이면서 그렇게 말하냐?"

여전히 티격태격하고 있는 창민이와 경호가 서로를 노려보며 말했다.

"잘했어, 창민아. 그런데 이번 게임에서는 어떤 걸 생각해 볼 수 있을까?"

나 선생이 질문을 던지자 실험경제반 친구들은 잠시 생각에 잠기는 듯했다.

"처음에 상대에게 돈을 건네는 사람의 행동은 전적으로 상대를 신뢰하는지 아닌지에 달렸던 것 같아요."

"그러네요. 규현이도 저를 믿어서 5,000원을 건넸고, 선아도 그랬고요."

선아가 제일 먼저 답하자 재연이가 말을 이었다.

"그래서 이 게임을 '신뢰 게임'이라고 이름 붙였어. 응답자 입장에서는 어떻게 행동하게 된 것 같니?"

나 선생이 응답자였던 아이들을 보며 물었다.

"응답자 입장에서는 상대의 호의에 보답한 느낌?"

"맞아요. 저도 규현이에게 고마워서 1만 5,000원 중 절반이 넘는 8,000원을 돌려줬거든요."

시현이와 재연이가 말했다.

"만약 우리 모두가 자신의 이익에 따라서만 행동하고, 또 다른 사람들도 모두 그렇게 행동할 거라고 예상한다면 어떤 결과가 나왔을까?"

"저희처럼요!"

경호와 창민이가 손을 들며 말했다.

"거꾸로 생각해 보면 돼요. 응답자는 받게 되는 자신의 이익만 생각하면 하나도 돌려주지 않는 게 이득이에요. 그러니까 그걸 예상하는 제안자는 돈을 하나도 주지 않게 되고요."

창민이가 경호를 보며 확신에 찬 눈빛으로 답했다.

"맞아. 그런데 실제로 우리는 그렇지 않았어. 상대를 신뢰할수록 높은 금액을 주고, 또 응답자는 받은 것에 대해 보답하기도 했지. 이렇게 보면 사회가 경제학자들의 예측처럼 아주 어둡지는 않은 것 아닐까?"

나 선생이 창민이를 향해 고개를 끄덕이며 말했다.

"그런 것 같아요. 그런데 상대가 전혀 모르는 사람이라면 어떨까요?"

조용히 고민에 빠져 있던 규현이가 물었다.

"서로 전혀 모르는 사람들끼리 진행해도 상대를 어느 정도 신뢰해서 금액을 건네고, 응답자도 호의에 보답하는 걸로 나타났대. 이 실험은 여러 나라에서 시행했고. 사회 자체가 서로에 대해 신뢰할 수 있는 문화가 정착되어 있을수록 오가는 액수도 크겠지?"

"그렇겠어요. 서로를 신뢰할 수 있는 사회로 만들어 가는 게 중요하겠네요!"

나 선생의 말에 선아가 의견을 덧붙였다.

"스위스 취리히 대학의 어른스트 페어(Ernst Fehr) 교수와 동료들은 이렇게 사람들이 호의에는 호의로 응한다는 것을 전제로 이 실험을 노동 시장에 적용해[18] 봤어. 근로자와 기업이 임금 협상을 벌이는 과정에서 근로자는 원하는 임금을 제시하고, 기업은 적정한 임금을 제시해서 합의하면 고용 계약을 맺는 거야. 실험에 참가한 기업은 일곱 곳이었고, 취업을 원하는 사람은 열한 명이었어. 각 기업은 근로자 열한 명 중 단 한 명의 근로자를 고용할 수 있었대. 고용 계약이 완료되면 네 명의 실업자가 생기는 거였지. 모든 사람이 경제적 이득에 따라 행동한다고 가정하고 실험 결과를 예측해 볼까?"

"그럼 각 기업은 임금을 가장 적게 요구한 사람을 고용했겠군요?"

경호가 말했다.

"그럴 것 같잖아? 그런데 일곱 개 기업에서 제시한 임금은 근로자들이 요구한 평균 임금보다 훨씬 높았어. 높은 임금을 주고 채용했다는 거야. 이상하지?"

"네? 그 기업들 망할 것 같아요! 어차피 근로자는 정해진 월급을 받을 테니 임금을 더 많이 준다고 더 열심히 일할 것 같지 않거든요. 왜 쓸데없이 돈을 많이 쓴 거죠?"

"애는 참, 다 너 같은 줄 아냐! 난 임금을 많이 주면 더 열심히 일할 것 같아!"

의아한 듯 묻는 경호에게 규현이가 한마디했다.

"진짜 규현이처럼 행동한 근로자가 많았어. 사실 근로자는 계약을 체결한 다음, 자신이 얼마나, 어떻게 일을 하든 약속한 임금

을 받는 조건이었는데도 말이야. 임금을 많이 주니 더 열심히 일

하더래."

"전 왜 그랬는지 알겠어요."

조용히 나 선생의 설명을 듣고 있던 선아가 말했다.

"선아야, 왜 그랬을 것 같아?"

"다른 데서 일하고 받을 수 있는 임금보다 많이 받고 있다고

생각해 봐요. 그럼 그 일자리가 더 소중할 거예요. 고맙기도 하고요."

"맞아. 나도 그렇게 생각해. 고마우면 더 열심히 일하게 되는 법!"

재연이가 선아의 의견에 맞장구치며 말했다.

"조지 애컬로프(George Akerlof) 교수는 이런 결과를 '노동 계약의 선물 교환'이라고 해석했어."

"애컬로프면 그 중고차 시장에 대한 이론을 제시했던 분?"

재연이가 물었다.

"맞아. 그 조지 애컬로프 교수가 노동 시장도 중고차 시장과 비슷하다고 표현했어. 중고차 시장처럼 노동 시장에서도 노동 계약을 체결할 때는 근로자가 얼마나 열심히 일할지 모르잖아. 이럴 때 기업가가 노동자에게 높은 임금이라는 선물을 주면, 선물을 받은 근로자는 그 호의에 대한 대가로 더 열심히 일한다는 거지."

"와, 훈훈하네요. 서로를 신뢰해서 호의를 베풀고, 상대는 그 호의에 보답하고!"

재연이가 고개를 끄덕이며 말했다.

"사람들 마음속엔 이렇게 신뢰도 있고 호의에 보답하는 마음인 '호혜성'도 있어서 우리 사회도 살만한 게 아닐까?"

"맞아요! 호혜성 좋네요! 사람들의 호혜성을 끌어올릴 수 있는 제도와 문화가 정착되면 좋겠어요."

선아가 두 손을 모으며 말했다.

"그래, 우리 다 같이 더 생각해 보자. 그럼 오늘 수업 끝!"

눈에는 눈, 이에는 이

처벌이 도입된 공공재 게임[19]으로 살펴보는 상호성

실험경제반 친구들은 나 선생의 문자를 받고 컴퓨터실에 모였다.

"오늘 컴퓨터 게임이라도 해요?"

"딩동댕! 컴퓨터 게임을 할 거야!"

재준이의 질문에 나 선생이 말했다.

"예전에 내가 1,000원씩 나눠 주고, 그중 일부 또는 전부를 공공 통장에 넣으면 두 배가 되어 똑같이 나눠 갖는 게임했던 거 기억나?"

"아, 돈이 많이 모이면 공기청정기를 얻을 수 있었는데, 안 됐었죠."

규현이가 아쉽다는 표정으로 말했다.

"오늘 그때랑 게임 방식이 거의 비슷한 게임을 컴퓨터로 하려고 해. 여기 앞쪽 스크린을 봐. '20개의 토큰이 주어졌습니다. 이 중 몇 개의 토큰을 공공 통장에 기여하시겠습니까?'라고 나와 있잖아. 각자 컴퓨터를 켜면 모니터에 똑같이 나올 거야. 보이지?"

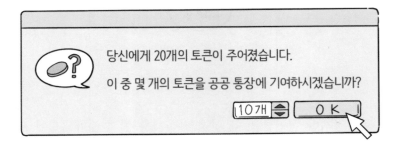

"네, 보여요!"

"이번엔 돈이 아니라 토큰으로 하는 거네요?"

재준이와 경호가 들뜬 표정으로 말했다.

"맞아. 토큰 하나에 100원이라고 생각하자. 그럼 2,000원씩 받은 셈이지? 두 팀으로 나눠서 게임을 할 건데, 모두 일곱 명이니까 한 팀은 세 명, 한 팀은 네 명으로 컴퓨터가 정해 줄 거야. 누구랑 같은 팀인지는 알 수 없어."

아이들은 모니터 화면에 집중하며 알아들었다는 듯 고개를 끄덕였다.

"자, 각 팀의 공공 통장이 있고, 거기에 자신이 가진 토큰의 일부 또는 전부를 넣는 거야. 모니터 화면 중앙에 있는 빈칸에 토큰 수를 입력하고 OK 버튼을 누르면 돼. 지난번에 했던 게임처럼 공공 통장에 모인 토큰은 두 배가 되는 거고."

나 선생의 말에 경호가 눈을 반짝이며 말했다.

"두 배가 된 돈은 팀 구성원에게 골고루 나눠 주는 거고요? 지난번 게임이랑 완전 똑같네요! 모든 금액을 공공 통장에 넣는 게 팀 전체에겐 좋지만 개인적으로 가장 이득인 건 자신은 하나도 넣지 않고 모두 가지고 있는 거죠!"

"그래, 경호가 잘 기억하고 있구나. 하지만 이번엔 지난번 게임과 룰이 살짝 달라!"

나 선생은 다시 스크린을 가리키며 설명했다.

"OK 버튼을 누르면 이런 표와 설명이 나올 거야. 내가 속한 팀에서 나 말고 다른 사람들이 얼마나 기여했는지를 볼 수 있어! 이 팀은 세 명으로 된 팀이네."

"와, 저기 A란 놈이 완전 무임승차자군요?"

"맞아. 근데 이번엔 이런 사람을 응징할 기회가 있어! 가령 아무런 기여를 하지 않은 A를 응징하고 싶다면, 여기 표 하단 빈칸

* 다음 표는 여러분이 속한 팀의 다른 구성원들이 공공 통장에 얼마나 기여했는지 보여줍니다.
* 여러분에게 10개의 토큰이 추가로 지급되었고, 이것으로 다른 구성원의 이익을 깎을 수 있습니다. 단, 다른 구성원의 토큰을 한 개 삭감할 때 자신의 토큰도 한 개 깎이며, 토큰의 개수는 10개를 초과해서는 안 됩니다.
* 표 하단의 빈칸에 1~10까지 상대방의 토큰을 깎고 싶은 만큼 토큰의 수를 적으세요.

	구성원 A	구성원 B
기여액	0	14
얻은 토큰 수 [20]	40	26
추가 지급된 토큰 수	10	10
삭감액		

에 A의 토큰을 깎고 싶은 만큼 숫자를 적으면 돼. 다만 10개 이상은 쓸 수 없어!"

시현이가 큰 소리로 말하자 나 선생이 말을 이었다.

"앗싸! 공공 통장에 돈을 거의 넣지 않은 사람들을 처벌할 기회가 있군요? 그런 놈들 이익을 싹 다 깎아 버리겠쓰!"

"왜 10개 이상은 쓸 수가 없어요?"

주먹을 꽉 쥐며 흥분해서 말하는 재준이를 보며, 재연이가 차분하게 물었다.

"응, 표를 보면 추가로 지급된 토큰이 보일 거야. 이 10개의 토큰이 다른 사람들을 처벌하는 용도로 지급된 것이거든!"

"추가로 지급된 토큰 10개 범위 안에서만 토큰을 깎을 수 있는 거네요."

나 선생의 설명에 선아가 고개를 끄덕이며 말했다.

"응, 선아가 이해를 잘했네. 그런데 중요한 건, 내가 다른 사람 토큰을 하나 깎으면 내가 가진 토큰도 하나가 사라진다는 거야!"

"앗! 그럼 처벌은 처벌인데, 내 돈을 들여서 다른 사람을 처벌하는 거네요?"

나 선생의 말에 경호가 물었다.

"그렇지. 처벌하고 싶은 사람의 이익을 깎을 수 있는데, 내 돈이 드는 거야. 내 이익만 생각한다면 다른 사람을 처벌하지 않으면 되는 거지."

"와, 고민된다! 내 토큰을 깎으면서까지 정의의 이름으로 처벌할 것이냐, 말 것이냐! 그것이 문제로다."

"야, 처벌하는 사람은 거의 없을 걸? 뭐하러 손해를 보면서까지 남을 처벌하겠어! 끝에서부터 거꾸로 생각해 봐! 자기 이익을 생각하면 처벌을 안 하는 게 낫고, 그렇담 처벌할 이유가 없지. 그럼 공공 통장에도 기여하지 않는 게 낫고."

창민이가 연극하듯 말하자 경호가 확신에 찬 목소리로 말했다.

"그래, 진짜 너답다! 하지만 사람들은 그렇지 않을 걸? 저런 사람은 내 비용을 들여서라도 처벌하고 싶은 게 사람들의 마음이야. 그래서 사회적 약속도 잘 지켜지는 거고!"

규현이가 못 말린다는 듯한 표정으로 경호를 향해 소리쳤다.

"둘 다 맞는 얘기야. 과연 우리들의 선택은 어떻게 나올지 기대된다."

경호와 규현이의 대화를 지켜보던 재연이는 상기된 표정으로 말했다.

"근데 게임 끝나고 돈은 어떻게 받아요?"

경호가 손을 들며 질문했다.

"맞다, 경호가 아주 중요한 질문을 했네. 선생님 컴퓨터에서는 각 참여자의 이익이 얼마인지 확인할 수 있어. 게임 끝나고 컴퓨터 번호를 말해 주면 토큰 하나당 100원씩, 결과에 맞춰서 보수(이익)[21]를 줄 거야! 그럼 게임을 시작해 볼까?"

상호성,
협력으로 이끄는 힘

게임이 시작되자 실험경제반 친구들은 모두 컴퓨터 모니터를 뚫어져라 바라보며 몰입했다. 각자 토큰 몇 개를 공공 통장에 넣을지 결정하고 OK 버튼을 눌렀다.

"뭐냐. 난 열다섯 개나 기여했는데! 이놈들은 고작 한 개? 아니, C는 완전 무임승차자네!"

"응징 들어간다!"

여기저기서 탄식과 절규가 들리다 게임이 종료됐다.

"게임 한 번 더 합니다! 시작!"

나 선생의 외침과 동시에 곧바로 두 번째 게임이 시작됐다. 다들 컴퓨터 자판을 두드릴 뿐 이번엔 조용했다.

"와! 이번엔 모두 천사가 됐어!"

"처벌이 무섭긴 무서운 모양이야!"

잠시 후, 나 선생은 칠판에 게임 결과를 적었다.

각 게임의 평균 기여액

	공공 통장에 넣은 평균 기여액 (토큰 수)	처벌에 쓴 평균 토큰 수
첫 번째 게임	10	6
두 번째 게임	17	0.2

"저번에 1,000원씩 주고 공공 통장에 넣는 게임을 했을 때 총 얼마였는지 기억해?"

"그때 3,000~4,000원이었던 것 같아요."

나 선생이 묻자 재연이가 수첩을 넘겨 보며 말했다.

"응, 그때 3,200원이 모였어. 일곱 명의 초기 금액 7,000원 중 3,200원이니 46퍼센트 정도 기여했던 거야. 꽤 많았던 편인데 이번엔 더 많이 기여했네. 초기 금액이 한 사람 당 토큰 20개였는데 첫 번째 게임에서 평균 10개를 기여했으니, 50퍼센트! 두 번째 게임에선 평균 17개니까 무려 85퍼센트야!"

"처벌이 협력을 이끄네요! 첫 번째 게임에서 무임승차했던 사람은 응징을 톡톡히 당했나 보네요. 그러니까 두 번째 게임에선 대부분 기여를 많이 했고요."

규현이가 주먹을 불끈 쥐며 말했다.

"그러게. 이렇게 게임으로 실험해 봐도 사람들의 마음이 꼭 경제적 이익에 따라서만 행동하지 않는다는 게 보이지 않아?"

나 선생의 말에 선아가 고개를 끄덕이며 말했다.

"맞아요. 이번 게임에서 처벌은 자신의 비용을 들여서 했잖아요. 사람들 마음에 사회적 규범을 안 지키는 사람을 보면 내 노력을 들여서라도 보복(?)하고 싶은 심리가 있나 봐요."

"게다가 처벌 효과가 아주 좋은데요?"

"첫 번째 게임에서도 처벌할 수 있다는 걸 알긴 했지만 경호의 예측처럼 '설마 자기 비용을 들여서 처벌하겠어?' 하고는 무임승차를 했던 사람들이 있었던 것 같아요. 그런데 진짜 자신의 토큰을 손해보면서까지 처벌하는 걸 경험하고선, 두 번째 게임에서는

더 협력적으로 변한 것 같아요!"

재연이와 선아가 이어서 말했다.

"사회규범을 지키게 하려면 처벌이 중요하군요!"

처벌을 강조하는 규현이를 보며 나 선생이 물었다.

"처벌이 언제나 사람들의 행동을 좋게 만들까?"

"네, 처벌이 두려우면 규범을 지키니까요!"

처벌과 보상, 협력을 증가시키는 효과가 있을까?

"그렇게 생각할 수 있지. 그런데 언제나 그런 건 아닌 것 같아. 이스라엘에 하이파라는 지역의 어린이집에서 생긴 일이야.[22] 저녁 5시까지 아이를 데리러 와야 되는데, 지각하는 부모들이 많았대. 그래서 어린이집 몇 군데를 골라서 지각하는 부모들에게 늦은 정도에 따라 벌금을 내도록 했어. 어떻게 되었을까?"

"지각하는 부모가 조금 줄지 않았을까요?"

규현이가 말했다.

"아니, 오히려 더 늘었대. 벌금제를 도입한 지 7주가 지나니 지각하는 부모들이 이전의 두 배나 되었다지 뭐야. 참 이상하지? 더

신기한 건 16주 후에 다시 이전처럼 벌금제를 없앴는데 지각하는 부모의 비율은 줄어들지 않았대."

"네? 왜 그런 일이?"

재준이가 놀라며 물었다.

"벌금이 없을 때는 부모들이 지각하면 어린이집 선생님들에게 미안함을 느꼈을 거야. 아마도 미안한 감정이 다시 지각을 하지 않게 했을 거래. 그런데 벌금제가 도입되고 나서는 늦은 만큼 돈을 내니까 '시간을 돈으로 산다'는 일종의 거래로 생각하게 되어서 지각이 더 늘었던 게 아닐까 싶어. 한 번 그렇게 인식되니 벌금을 없애도(가격을 0원으로 낮춘 것으로 인식) 지각이 줄지 않는 거라고 해석하기도 하고."

"아휴, 사람의 마음은 참 복잡하네요. 그래서 정책대로 움직여 지지 않나 봐요!"

나 선생의 설명에 선아가 한숨을 쉬며 말했다.

"그래서 우리가 이렇게 공부하고 생각해 보는 게 필요한 걸 거야."

선아는 잠시 고민하더니 나 선생에게 물었다.

"선생님, 처벌 말고 상을 주면 어떨까요? 우리 게임에서도 기여를 많이 한 사람들에게 상으로 토큰을 더 주는 방식으로요!"

"그렇게도 해 봤어. 이때 상을 주는 것도 자기 비용을 들여서 상을 주는 식으로 진행했고."

"어떤 게 효과가 더 좋았어요?"

규현이가 눈을 반짝이며 물었다.

"처벌과 보상 둘 다 비슷하게 협력을 증가시키는 효과가 있었어. 내가 실험해 봤을 때도 그랬고 여러 학자들의 연구 결과에서도 그렇게 나타났대. 게다가 처벌이나 보상을 할 때 사람들의 뇌를 fMRI(기능적 자기공명영상)로 관찰해 보니 기쁨을 느낄 때 활성화되는 뇌 부위가 활성화되더래.[23] 규범을 지키지 않은 사람에 대하여 처벌하거나 사회 협력적인 사람에게 상을 주는 것 자체가 쾌감을 일으킨다는 걸 과학적으로 밝혀낸 거지. 신기하지?"

"호의에는 호의를, 배신엔 보복을! 이게 진리네요!"

나 선생의 말에 규현이가 손뼉을 치며 말했다.

"호의를 베푼 사람에게는 나도 보답하려는 마음이 생기고, 규범을 어긴 사람은 처벌하고 싶은 마음이 생기는 게 사람인가 봐. 이런 마음을 '상호성'이라고 표현해."

"상호성을 가진 사람들과 경제 생활을 하는 거니까, 장기적으로 볼 때는 개인적 이득을 위해서라도 호의적으로 행동하고 베푸는 게 이득이겠는데요? 상대가 제게 협조적이지 않으면 저도 협조를 안 하면 되지만 처음엔 호의적으로 협조하며 시작하는 게 좋을 것 같아요!"

"하여간 넌 언제나 어떻게 이익이 될지를 고민하는구나!"

사뭇 진지하게 말하는 경호를 보며 창민이가 말했다.

"경호 말대로 개인의 이익을 고려한다고 해도 상호성을 가진 사람들 사이에 있으면 협조적으로 시작해서 상대가 협조적이면 계속 협조하고, 상대가 배신하면 나도 배신해 버리는 전략이 유리할 수 있을 거야. 일명 '눈에는 눈, 이에는 이(TFT, Tit for Tat)' 전략인데, 우리가 했던 게임 구조랑 유사하지만 두 명이 하는 게임을 할 때 가장 이득을 많이 얻을 수 있는 전략으로 선정되었대.[24]"

나 선생의 말에 재연이는 뭔가를 고민하다 말했다.

"협조도 장기적으로 자신에게 이득이 되어서 하는 사람들이 많다고 생각하면 마음이 안 좋은데요? 정말 남을 돕고 싶은 사람들의 마음이 가려지는 게 아닐까 해서요."

"동기야 어찌 되었든 사람들이 협력하는 사회가 되면 괜찮지 않아?"

"난 사람들의 선한 동기도 중요하다고 생각하는데."

"재연이가 생각하는 대로 정말 순수한, 이타적인 마음에서 선행을 베푸는 사람들도 분명 있어. 나도 이런 사람들이 많아지면 좋겠구나."

재연이와 선아의 대화를 지켜보던 나 선생이 말했다.

"선생님, 저는요, 나중에 '상호성'을 극대화할 수 있는 방법을

연구하고 싶어요. 그런 정책도 마련하고 싶고요. 더 나은 사회를
위해서!"

선아가 미소 지으며 말했다.

"그래, 그런 사회가 되었으면 좋겠다. 그럼 오늘 수업은 끝!"

"선생님! 저희 게임에서 얻은 보수 주셔야죠!"

"좋아, 좋아. 각자 컴퓨터 번호를 불러 주세요!"

"앗싸, 난 1만 3,000원! 넌 얼마냐?"

"경호는 2만 원이 넘네?"

"너 또 무임승차했지?"

경호는 오늘도 이익을 가장 많이 남겼다.

* 수학 개념: 게임 이론(반복되는 죄수의 딜레마), 등비수열과 수열의 합

Q. 게임을 반복해서 하면 암울한 현실에서 벗어날 수 있을까요?

만약 게임을 한 번 하고 끝나는 게 아니라 반복해서 한다면 어떨까요? 둘 사이의 상호작용이 지속된다면, '네가 잘 해 주면 나도 잘 해 줄게. 네가 나쁘게 나오면 나도 그럴 거야'란 마음이 들진 않을까요? 일명 '눈에는 눈, 이에는 이' 전략이죠. 두 사람이 자신의 이익만 생각한다고 하더라도 이런 전략이 장기적으로 이득을 높일 수 있을 것 같지 않나요?

게임은 언제 끝날지 모르고, 80퍼센트의 확률로 반복된다고 가정해 이익을 따져 볼게요. 상황은 다음과 같아요.

두 사람이 서로 약속을 지키면 둘 다 1씩 이득을 얻고, 둘 다 약속을 어기면 이익은 0입니다. 한 사람은 약속을 지키고, 한 사람은 약속을 어기면 약속을 지킨 사람은 −1(1만큼 손해), 약속을 어긴 사람은 2만큼 이익을 얻어요. 이 경우도 게임을 한 번만 하고 끝난다면 둘 모두 약속을 어기는 것이 유일한 내시 균형이 되는 죄수의 딜레마 상황이에요.

약속 이행에 따른 이익

		상대	
		약속 지키기	약속 어기기
나	약속 지키기	1, 1	-1, 2
	약속 어기기	2, -1	0, 0

계산을 편하게 하기 위해 임의로 숫자를 간단하게 썼습니다. 게임이 80퍼센트의 확률로 반복되는 상황에서, 두 사람 모두 '눈에는 눈, 이에는 이' 전략(약속 지키기로 시작해서 상대가 약속을 지키면 나도 지키고, 그렇지 않으면 나도 약속을 지키지 않음)을 쓴다고 해 봐요. 내가 약속을 지키면 상대도 약속을 지킬 거예요. 그럼 다음번 게임에서도 둘 다 약속을 지키고요. 이런 경우 나의 총 이익(보수)을 계산해 볼게요.

우선 첫 번째 게임에서 둘 다 약속을 지키면 1의 이득을 얻어요. 그리고 두 번째 게임은 1만큼의 이익을 80퍼센트의 확률로 기대할 수 있으니까, 기대 이익은 1×0.8이 됩니다(80퍼센트란 게 $\frac{80}{100}$이므로 0.8로 계산한 거예요). 그러면 세 번째 게임이 일어날 확률은 0.8×0.8이 될 거예요. 두 번째 게임이 일어날 확률이 0.8인데, 그것의 0.8 확률로 세 번째 게임이 일어날 테니까요. 세 번째 게임의 기대 이익은 1×0.8×0.8이 되겠지요. 네 번째 게임의 기대 이익은 1×0.8×0.8×0.8이 될 거예요. 이렇게 무한히 계속되면 나의 총 이익(보수)은 다음과 같이 나옵니다.

$$1+1×0.8+1×0.8^2+1×0.8^3+\cdots\cdots$$

이렇게 $a+ar+ar^2+ar^3+\cdots\cdots$ 형태로 계속되는 걸 수학에서 '무한등비급수'라고 해요. 이때 r이 1보다 작은 경우 $\dfrac{a}{1-r}$로 계산됩니다. 이를 적용해서 계산해 볼게요.

$$1+1×0.8+1×0.8^2+1×0.8^3+\cdots\cdots=\frac{1}{1-0.8}=5$$

이런 경우 '눈에는 눈, 이에는 이' 전략을 쓰면 5만큼의 보수를 기대할 수 있겠네요! 상대의 기대 이익도 마찬가지일 거예요.

만약 상대는 '눈에는 눈, 이에는 이' 전략을 쓰는데 내가 '약속을 안 지키는 전략'을 쓰면 어떨까요? 첫 번째 게임에서는 2의 이득을 얻지만 그 다음부터는 계속 이익이 0일 거예요. 기대되는 총 이익은 2가 됩니다. 이런 경우엔 이득을 위해서라도 서로 약속을 지키겠네요(서로 약속 지키기로 시작해서 '눈에는 눈, 이에는 이' 전략을 쓰면 계속 약속을 지키게 되니까 5의 이익을 기대할 수 있어요!

만약 게임이 반복될 확률이 20퍼센트, 즉 0.2라면 어떨까요? 서로 약속을 지키기로 시작하고 '눈에는 눈 이에는 이' 전략을 쓰는 경우 $\dfrac{1}{1-0.2}=1.25$ 가 됩니다. 20퍼센트의 확률로 반복되는 게임에서는 약속을 안 지키는 전략의 이득이 더 크네요.

충분히 높은 확률로 게임을 계속한다면 자신의 이득을 위해서라도 '약속 지키기로 시작해 눈에는 눈 이에는 이' 전략을 쓰는 게 유리해요. 그런데 여기서 '충분히 높은 확률'은 어느 정도일까요?

이 게임에서는 $\dfrac{1}{1-r} > 2$가 되면 충분히 높은 확률일 거예요. 2는 약속 어기기 전략을 썼을 때의 기대 이익이므로 r이 0.5보다 크면 되겠네요. 게임의 보수 구조에 따라 '충분히 높은 확률'의 값은 달라져요. 여기서는 50퍼센트보다 높은 확률로 게임이 지속되면 자신의 이익을 위해서라도 죄수의 딜레마에서 벗어나게 되네요!

더운 날 콜라 값을 더 비싸게 받는다고?

공정성 사고 실험으로 이해하는 공정성의 경제학

나 선생은 교실에 들어오자마자, 실험경제반 친구들에게 콜라를 하나씩 나눠 줬다.

"너희 콜라 좋아해?"

"네! 그럼요."

"특히 더울 때 더 마시고 싶죠!"

다들 입을 모아 말했다.

"그치? 더울 때 찬 음료가 더 마시고 싶지? 그래서 예전에 코카콜라에서 아이디어를 하나 냈어."

"뭔데요?"

재연이가 급히 수첩을 꺼내며
물었다.

"콜라 자판기에 온도 센서를 달아
서 기온이 높아지면 가격이 올라가게
만든 거야. 더울 때 사람들이 차가운 콜라
를 더 마시고 싶을 테니 비싸게[25] 팔 수 있도록!"

"와, 대박! 똑똑한데?"

경호가 감탄한 표정으로 외쳤다.

"나 같으면 기분 나빠서 안 살 것 같은데?"

선아는 고개를 절레절레 흔들며 말했다.

"맞아. 그래서 금방 없앴대."

"그럴 줄 알았어요. 불공정한 가격이라 느껴지거든요."

나 선생의 말에 규현이가 이어서 말했다.

공정성의 경제학,
공정성은 사람들의 행동에 어떤 영향을 줄까?

"무더운 여름에 해변을 걷고 있다고 상상해 보자. 갑자기 시원
한 오렌지 주스가 마시고 싶어. 이때 선택은 두 가지야. 가까운

고급 호텔 라운지에서 사 오는 것과 해변에 있는 허름한 카페에서 사 오는 것. 두 곳 모두 똑같은 잔에 담긴 맛있는 오렌지 주스를 팔고 주스는 품질, 맛 모두 동일해. 고급 호텔에서 파는 주스와 허름한 카페에서 파는 주스, 각각 가격을 얼마까지 낼 의향이 있는지 생각해 봐."[26]

모두들 머릿속으로 상상하고 있을 때, 나 선생이 규현이에게 먼저 물었다.

"규현아, 넌 호텔 주스엔 얼마까지 지불할 생각이 있어?"

"7,000원 정도요."

"해변 카페에서 파는 주스에는?"

"1,000원이요."

규현이가 답했다.

"그럼, 시현이는?"

"저는 호텔 주스는 8,000원, 카페 주스는 2,000원이요."

"다들 비슷하니?"

나 선생의 물음에 경호가 손을 들며 말했다.

"똑같은 주스면 똑같은 가격을 지불할 수 있는 거 아닌가요?"

"그래, 경호처럼 생각하는 사람? 손들어 볼까?"

나 선생의 물음에 다들 고개를 저으며 손들지 않았다.

"경호처럼 생각하는 게 경제학에서 말하는 '경제적인 사람'이야. 똑같은 물건에서 느끼는 만족감이 같다면 같은 가격까지 지불할 의향이 있어야지."

나 선생의 말에 재준이가 큰 소리로 말했다.

"호텔은 유지 비용이 많이 들잖아요! 허름한 카페는 그보다 훨씬 돈이 덜 들고요!"

"맞아요. 저도 동의해요! 허름한 곳에서 비싼 가격을 받으려고 한다면 그건 도둑이죠!"

규현이도 재준이의 의견에 동의했다.

"대체로 비용이 덜 들면 가격도 덜 받아야 공정한 거라고 생각하는구나."

"당연하죠! 가끔 경호처럼 생각하는 친구가 있긴 해도요!"

나 선생의 말에 창민이가 말했다.

"그럼 이것도 생각해 보자. 미국에선 겨울에 눈이 많이 내리면 집 앞에 쌓인 눈을 각자 치워야 하는 거 아니?"

"네, 들어 본 적 있어요. 자기 집 앞에 쌓인 눈을 안 치웠다가 사람이 다치면 그에 대해 책임이 있다면서요?"

규현이가 답했다.

"맞아. 그래서 폭설이 내리면 다들 눈삽을 들고 집 앞의 눈을 치우곤 하지. 그런데 만약 눈삽이 없어서 동네 철물점에서 급하게 새로 사려고 하는데 평소 15달러에 팔던 눈삽을 폭설이 내렸다고 20달러에 판다면 어떨까?"[27]

나 선생의 물음에 재준이가 소리쳤다.

"나쁜 가게네!"

"사과 시장 실험에서 알게 되었듯, 수요가 많아지면 가격이 올라가는 게 당연하지 않아? 눈이 많이 내려서 눈삽을 사려는 사람들이 많아졌을 테니."

"그래도요! 15달러였던 걸 하루 아침에 20달러로 올려 팔다니. 너무 하잖아요!"

"맞아요! 가게 주인이 눈삽을 더 비싸게 사 왔으면 몰라도, 그러면 안 되는 거잖아요!"

재준이와 시현이가 흥분한 목소리로 외쳤다.

"수요가 늘었다고 가격을 올리는 게 불공정해 보이는구나."

나 선생의 말에 여러 친구들이 입을 모아 답했다.

"그럼요! 당연하죠!"

"다른 의견은 없어?"

"보통 때는 눈삽이 잘 안 팔릴 거잖아요. 철물점 입장에선 폭설이 내렸으면 눈삽을 비싸게 팔아 보자고 생각하는 게 당연한 거 아닌가요?"

나 선생의 물음에 경호가 말했다.

"그래, 경호 의견도 맞아. 수요가 늘면 가격이 올라가기 마련이라는 게 '보이지 않는 손'인 거잖아."

"그래도 그건 너무 불공정해요! 가게 주인도 동네를 위해 도와야죠. 그런 기회에 가격을 많이 올리는 건 이기적인 것 같아요."

재연이가 힘주어 말했다.

"그럼 하나만 더 생각해 보자. 내가 작은 카페를 운영 중인 사장이고 시간당 1만 원의 시급을 주고 있는 직원이 한 명 있어. 그런데 요즘 경기가 안 좋아서 실업자가 많아졌다고 옆집 카페 사장은 직원 시급을 8,000원으로 내렸대. 나도 직원의 시급을 8,000원으로 내리면 어떨까?"[28]

나 선생의 질문에 창민이가 다시 질문했다.

"경제 상황이 안 좋으면 카페 매출도 줄었겠네요?"

"아니, 카페는 잘되고 있어."

"가게도 잘되는데 직원의 시급을 깎는 건 너무 욕심쟁이 사장 아니에요?"

"이익을 늘리려고 그러는 건 불공정하죠!"

나 선생의 답에 재준이와 규현이는 눈살을 찌푸리며 말했다.

"매출은 같지만 실업자가 많아져서 시급 8,000원에도 카페에서 일하고자 하는 사람들이 많아진 거지. 노동 시장의 가격을 임금이라고 보면, 공급이 많아져서 가격이 내려갔다고 볼 수 있지 않을까?"

나 선생의 말에 재연이가 손을 들며 말했다.

"가게 사정이 나빠져서 비용을 줄일 필요가 있다면 직원에게 양해를 구해서 시급을 조금 깎을 수도 있지만 이건 불공정해요!"

"맞아, 그럴 수 있어. 오늘 많은 이야기를 나눴는데, 사람들은 각자 '공정성'에 대한 생각과 기준이 있고 그에 따라 행동하는 경향이 있는 것 같아. 합리적으로 볼 때, 수요가 늘어나면 가격이 오르고, 실업자가 많아져서 노동 공급이 늘면 임금이 떨어지는 게 자연스러운 건데 말이야. 경제 현상을 예측할 때도 사람들이 언제나 자신의 이익을 좇아 합리적으로 행동한다기보다는 공정성에 따라 행동하기도 하고, 타인을 위하는 마음에서 행동하기도 한다는 점도 생각해야 할 것 같아."

나 선생의 의견에 동의하며 규현이가 덧붙였다.

"코카콜라에서 기온에 따라 가격이 바뀌는 자판기를 만들었다 욕먹은 것도 그런 이유겠어요. 폭설이 내려서 눈삽 수요가 많아져도 동네 가게에서 눈삽 가격을 올리지는 못하겠고요."

재준이는 뭔가 생각난 듯 손을 들며 말했다.

"아, 미국에서는 미식축구가 엄청 인기 많은 거 아시죠? 내셔널 풋볼 리그(NFL) 결승전, 슈퍼볼! 제가 몇 년 전에 가 봤거든요! 호텔을 예약하기가 엄청 힘들었어요. 한참 전에 예약하는데도 대부분 만실이더라고요. 여러 곳을 찾다가 겨우 한 군데 예약했어요. 그때 아빠가 하셨던 말이 이렇게 인기가 좋은데 객실료는 생각보다 비싸게 받지 않는다는 거였어요. 수요가 많아진 만큼 가격을 많이 높여도 되는데 그러지 않았던 것도 부당하게 이득을 취한다는 이미지를 얻기 싫어서가 아니었을까요?"

재준이의 이야기를 듣던 경호도 말했다.

"그러네. 슈퍼볼 시즌에야 비싸도 오겠지만 호텔 이미지가 안 좋아지면 나중에 다시 이용하고 싶어 하지 않을 테니까. 장기적으로 보면 가격을 비싸게 받는 게 손해일 수 있을 거예요!"

"재준이의 경험을 들으니 더 와 닿는 걸? 경호 말처럼 호텔들이 장기적 관점에서 가격을 높이지 않은 것일 수도 있겠다."

나 선생의 말에 재연이가 이어서 말했다.

"지난 시간에 한 실험하고도 연결되네요. 실험에서 호의엔 호의로 대하고 배신엔 보복하기도 하는 상호성을 보였잖아요. 그게 곧 공정성에 대한 마음이 아닐까요?"

"오늘도 재연이가 정리를 잘했네. 경제 현상을 바라보고 예측할 때 합리성 외에도 여러 요소를 고려해야 할 거야. 정책을 낼 때도 물론이고. 특히 공정성에 대한 마음도 꼭 포함시켜야 하고! 마지막 수업이었는데 우리 피자 파티할까?"

나 선생의 말에 모두 기다렸다는 듯 외쳤다.

"좋아요!"

행동에 영향을 주는 요소에는 무엇이 있을까?

1) 문화에 따라 달라지는 사람들의 행동[29]

여러 실험을 통해 우리에겐 '공정'이 하나의 중요한 행동 원리가 된다는 것, 많은 사람들이 공정하지 않은 것에 대해 자신의 이익이 감소하더라도 처벌하고자 하는 마음이 있다는 걸 확인했어요. 사회의 문화나 제도적 차이가 사람들의 행동에 영향을 준 것일까요?

이런 궁금증에서 요제프 헨리히(Joseph Henrich), 로버트 보이드(Robert Boyd)를 비롯한 여러 학자들이 모여 정글 속 열다섯 개의 수렵 채취 부족을 대상으로 몫 나누기 게임을 했어요. 그 결과, 여러 부족들 간에 확연한 차이가 나타났습니다.

페루 아마존강 유역의 마치겡가(Machiguenga) 부족의 경우, 제안자가 응답자에게 평균 26퍼센트의 금액을 제안했어요. 실험경제반에서의 평균 제안율이 33퍼센트였던 것에 비해 낮지요? 놀랍게도 마치겡가 부족은 제안자가 20퍼센트 미만의 금액을 제안해도 거부하는 응답자가 거의 없었어요. 스물한 명 중 단 한 명의 응답자만 거부했다고 해요. 반면, 인도네시아의 라말레라(Lamalera) 부족의 경우에는 평균적으로 58퍼센트의 금액을 제안해야 거래가 성사되었어요. 왜 이런 차이가 발생한 걸까요?

두 부족의 문화에서 답을 유추해 볼 수 있었어요. 제안율이 아주 낮았던 마치겡가 부족은 대부분의 생활이 가족 단위로 이루어진다고 해요. 가족 단위를 넘어서는 부족 내의 협동은 거의 없어 상호 협조적 행위가 많이 필요하지 않는 문화인 거죠. 라말레라 부족은 고래사냥을 하며 살아가는데, 고래사냥을 하기 위해서는 사람들 간의 상호 협력이 아주 중요하다고 해요. 두 부족의 협력적인 문화의 차이가 제안율의 차이를 설명해 주는 것 같죠?

파뉴아뉴기니의 오(Au) 부족과 노(Gnau) 부족은 평균적으로 39퍼센트의 금액을 제안했어요. 이 두 부족의 실험에서 놀라웠던 점은 50퍼센트가 넘는 제안들을 거부한 응답자가 많았다는 점이에요. 대체 왜 제안을 거부한 걸까요? 이들의 문화에서는 선물을 받는다는 건 뭔가 꼭 보답해야 한다는 의무를 지게 된다는 걸 의미한대요. 큰 몫의 제안이 오히려 부담스럽게 느껴져서 거부한 것이지요.

실험을 진행한 학자들은 여러 부족들의 경제 생활 속에 서로 교환이 많이 이루어지는 시장 경제적인 요소가 많을 때, 평균 제안 금액이 높다는 것도 발견했어요. 시장 거래가 일종의 협력을 경험하는 것이라 사람들 간에 호의를 베풀면 돌아온다는 걸 느껴서 제안 금액이 높아진 게 아닐까요? 이 실험을 통해 사회의 문화나 제도가 사람들의 행동에 영향을 준다는 걸 알 수 있습니다.

2) '높은 임금은 선물'이라는 효율 임금 이론

음식점에 가 보면 직원들이 매우 친절한 곳도 있고 손님에게 퉁명스럽게 대하는 곳도 있지 않나요? 직원들의 태도가 이렇게 차이가 나는 이유는 뭘까요?

직원들의 개인 성향이 달라서일 수도 있지만 무엇보다 중요한 건 임금의 차이가 아닐까 해요. 높은 임금을 주는 곳의 직원들은 이렇게 좋은 직장을 잃으면 안 된다고 생각해서 열심히 일할 거예요. 실험경제반에서 해 본 신뢰 게임에서 제안자가 많은 금액을 주면 응답자는 고마워서 더 많이 돌려준 것처럼 말이에요. 조지 애컬로프 교수는 이런 결과를 '선물 교환(gift exchange)'이라고 말했어요. 다른 곳에 가서 받을 수 있는 임금보다 더 많이 주면 그걸 선물이라고 여기고 더 열심히 일한다는 것이지요. 1914년에 헨리 포드(Henry Ford)는 포드 자동차 직원들에게 균형 임금의 두 배에 달하는 임금을 지급했는데, 직원들의 생산성이 높아져서 오히려 생산 비용이 줄었고 그로 인해 이익이 커졌다고 합니다.

어떤 학자들은 당근과 채찍을 함께 쓰면 더 좋지 않을까 생각해서 실험해 봤어요.[30] 열심히 일하게 하기 위해 높은 임금이라는 당근(선물)을 주고, 열심히 일하지 않는 걸 발견하면 채찍(벌금)을 가하는 걸 함께 도입했습니다. 그런데 채찍을 쓰면 당근의 효과를 떨어뜨린다는 결과가 나왔어요. 선물을 줬으면 끝까지 선물로 밀고 나가야지, 여기에 벌금을 결합하는 순간, 선물의 효과가 사라져 버리는 것이지요.

3) 공정함의 기준은 무엇일까?

실험경제반 친구들이 처벌을 도입한 공공재 게임에서 자신의 비용을 들여서라도 이기적으로 행동한 친구의 이익을 깎으려고 하는 걸 봤어요. 사람들의 행동은 자신의 이득뿐 아니라 '공정한가, 그렇지 않은가'에 의해서도 영향을 받아요. 그럼 공정성이란 무엇일까요?

우선 공정의 문제는 '빵을 어떻게 나눌까'의 문제예요. 어떤 사람들은 보수(결과)를 균등하게 나누는 게 공정하다고 생각하기도 하고, 필요에 따라 나누는 게 공정하다고 생각하기도 해요. 또 어떤 사람들은 개인의 이득이 그의 공헌에 비례하면 공정하다고 생각합니다. 개인의 이득이 그의 공헌에 비례해야 한다는 건 $\dfrac{\text{A의 보수(결과)}}{\text{A의 기여}} = \dfrac{\text{B의 보수(결과)}}{\text{B의 기여}}$ 가 되면 공정하다는 것이죠. 쉽게 말해서 노력해서 성과를 낸 만큼 얻으면 된다는 거예요. 이런 걸 '형평성'이라고 불러요.

그런데 장애가 있거나 나이가 너무 많아 일하기 힘든 사람들은 어쩌죠? 모든 사람이 똑같은 보수(결과)를 얻어야 한다고 하면 어떨까요? 열심히 일해서 성과를 내도 그것이 내 것이 아니라고 생각하면 일할 의욕이 떨어질 겁니다. 그래서 보편적으로 형평성을 원칙으로 하되, 사회적 약자에 대해 배려하는 것을 공정하다고 여긴답니다.[31]

냉철한 이성과 따뜻한 마음을 지닌 멋진 어른으로 성장하기를

세계시민이 되어 글로벌 '경제의 숲'을 탐험한 실험경제반의 두 번째 이야기, 어떠셨나요?

저는 〈실험경제반 아이들〉 시리즈를 집필하며 즐거운 추억이 새록새록 돋아났습니다. 그 추억과 함께 수업하면서 했던 여러 실험들과 대화, 그리고 모든 토론 과정을 가능한 이곳에 생생히 녹여 내려 했는데, 여러분에게도 잘 전달되었으면 좋겠습니다.

〈실험경제반 아이들〉 시리즈는 모든 경제 문제의 시작인 '선택'으로 이야기를 시작했어요. 미술 경매에 참여하고 사과를 사고팔기도 하면서 자신의 이익을 극대화하는 선택이 무엇인지도 알게 되었지요. 또 여러 실험의 규칙 속에서 경제 이론을 도출하기도 했습니다. 아담 스미스(Adam Smith)의 다음 말처럼 말이에요.

"우리가 저녁 식사를 준비할 수 있는 것은 푸줏간·양조장·빵집 주인의 자비심 때문이 아니라 그들의 이기심 때문이다."

우리는 모두 자신의 이익을 추구하려는 본능을 가지고 있습니다. 그리고 이 과정에서 자연스럽게 가격이 균형에 이르는 '보이지 않는 손'을 체험하죠. 우리는 살아가면서 하는 수많은 선택 중 '어떤 선택'이 자신에게 유리한지를 분석할 수 있는 능력이 꼭 필요합니다. 겉으로 드러나지 않는 비용도 고려해서 말이죠!

하지만 우리는 인도의 경제학자 아마르티아 센(Amartya Kumar Sen)의 말처럼 자신의 이득만을 생각하는 '합리적 바보'가 되어서도 안 됩니다. 보다 크고 멀리 볼 수 있는 안목을 갖추기 위해서는 '함께 행복해지는 미래'를 선택할 줄도 알아야 하니까요.

〈실험경제반 아이들〉 속 친구들이 경제 실험과 토론을 통해 좌충우돌하면서 성장해 가는 것처럼 여러분도 이 책을 통해 냉철한 이성과 따뜻한 마음을 키우며, 보다 현명하고 후회 없는 선택을 할 수 있기를 바랍니다. 그리하여 이 책을 읽는 모두가 멋진 미래를 그려 나가는, 멋진 어른이 되길 바랍니다.

감사의 글

〈실험경제반 아이들〉 시리즈는 실험경제반 친구들이 적극적으로 제안을 해 준 덕분에 세상에 나오게 되었습니다. 사회인으로, 대학생으로 혹은 고등학생으로 바쁘게 지내면서도 우리의 이야기가 책으로 나온다는 소식에 기뻐하며 응원과 함께 책에 대한 소중한 의견을 보내 준 제자들에게 가장 먼저 감사의 인사를 전합니다.

처음으로 경제에 흥미를 갖게 해 주신 윤기봉 선생님, 대학에서 더 깊이 경제학을 공부할 수 있게 이끌어 주신 이인표 교수님, 대학원에서 실험경제학과 행동경제학에 눈뜨게 해 주신 최민식 교수님. 훌륭하신 은사님들이 있었기에 제가 즐겁게 경제학을 공부하고, 어떻게 하면 제자들과 함께 배우고 나누며 성장해 나갈지를 고민하며 노력할 수 있었습니다. 진심으로 감사 드립니다.

책을 집필하는 동안 언제나 아이디어 창고가 되어 주고, 누구보다 열심히 엄마의 원고를 읽고 의견을 준 채민이와 바쁜 아내를 적극적으로 지지하며 든든한 지원군이 되어 준 남편, 그리고 수학 자문을 맡아 주신 임상현 선생님, 조민정 대표님을 비롯한 출판사 분들과 정진염 그림 작가님에게도 감사의 마음을 전합니다.

마지막으로 많은 분량의 원고를 꼼꼼하게 확인하고 감수해 주신 이인표 교수님께 다시 한 번 감사 드립니다.

1 필자가 공동 집필한 경제교육 표준교재(김나영, 서현원, 홍근태, 2016, 〈글로벌 시장과 한국경제〉, 기획재정부-KDI 발행)에 소개한 수업 방법을 단순화해서 적용했습니다.

▲ 수업 자료

2 Fredric Bastiat, 1998, The Law, The Foundation for Economic Education의 일부를 발췌·수정했습니다.

3 장하준, 2007, 《나쁜 사마리아인들》, 이순희 역, 도서출판 부키, 일부를 발췌·수정했습니다.

4 미국 달러를 '기축통화'라고 부르는 경우도 있습니다. 기본(중심)이 되는 돈이란 뜻이죠. 제2차 세계대전이 끝나고 세계 각국 대표들이 미국 브레튼우즈에 모여서 회의하며 그렇게 정했습니다. 미국 중앙은행은 1달러를 금 35온즈로 언제나 바꿔 주겠다고 했고요. 이걸 '브레튼우즈 체제'라고 하는데, 이때 달러를 기축통화라고 부른 거예요. 하지만 1971년 닉슨 대통령이 달러를 금으로 바꿔 주는 걸 포기한다고 선언하고, 이 체제는 사실상 붕괴되었지요. 그렇지만 아직도 달러를 중심으로 다른 나라 화폐와의 환율을 정하는 경우가 많다 보니 기축통화로 인식되는 경우가 많은 것 같습니다.

5 2022년 우리나라의 빅맥 지수는 3.82로 발표되었어요. 당시 빅맥 가격 4,600원을 달러로 환산($x:4600 = 1:1205.5$, $x ≒ 3.82$)한 거예요. 미국 빅맥 가격이 5.81달러였으니, 우리나라의 실제 환율에서는 원화 가치가 34.25%($\frac{3.82-5.81}{5.81} \times 100 = -34.25$) 낮게 평가되어 있었다고 계산됩니다.

6 박형준, 2013, '경제교육 방법론', 중등교사 경제 전문 과정 종합교재(KDI 경제정보센터)에서 소개한 교수학습 방법을 재구성해 사용했습니다.

7 IMF를 제외하고, 연극의 역할로 소개된 회사와 국가 기관은 모두 가상의 이름을 사용했습니다. 상황 역시 큰 틀에서의 현실을 반영하여 연출했습니다.

8 김나영, 최민식, 2017, '영재들은 협력도 잘할까?: 사회적 딜레마에서 영재들의 사회적 선호 및 상호작용 분석', 〈영재교육연구〉, 27(1), pp.59-80;
Fischbacher, U., Gächter, S., & Fehr, E., 2001, Are People Conditionally Cooperative?: Evidence from a Public Goods Experiment, Economics Letters,

71(3), 397-404.에서 사용한 게임의 구조와 동일합니다.

9 게임 이론에 대한 통찰로 노벨 경제학상을 수상한 수학자 존 내시(Nash, J. F., 1928~2015)의 이름을 붙여서 최적 대응 전략의 짝을 내시 균형이라고 불러요. 최적 대응은 상대방의 특정 전략에 대항해서 자신에게 가장 높은 보수를 주는 전략이에요. 나의 전략 X가 상대방의 특정 전략 Y에 대한 최적 대응이고, 상대방의 전략 Y가 또 다시 나이 전략 X에 최적 대응일 때, 전략 X와 전략 Y는 서로서로 최적 대응이지요. 이때, 내가 전략 X를 사용하고, 상대방이 전략 Y를 사용하는 것을 내시 균형이라고 합니다.

10 존 롤스는 이를 '무지의 베일(Veil of Ignorance)'이라고 표현했습니다. 존 롤스, 1999, 《정의론》, 황경식 역, 이학사

11 이탈리아 통계학자 코라도 지니(Corrado Gini)가 1912년 처음으로 사용해서 '지니계수'라고 이름 붙였다고 합니다.

12 Hazlett, D., 1977, A Common Property Experiment with a Renewable Resource, Economic Inquiry, 35(4), pp. 858-861; 모경환, 최유리, 2003, '사회과 문제중심학습의 효과분석: 고등학교 경제 단원을 중심으로', 〈시민교육연구〉, 35(1). pp.89-113 연구 내용을 토대로 실험을 계획하고 수업을 진행했습니다. 필자의 본 수업 설계가 2011년 시장경제대상 경제교육아이디어부문 공모에서 대상작으로 선정되어 수업자료가 전국경제인연합회(2012), '경제교육 티칭가이드북'에 수록되었습니다.

13 Hardin, G., 1968, 《The Tragedy of the Commons》. Science. 162 (3859), pp.1243 – 1248.

14 Ostrom, E., 1990, Governing the Commons: The Evolution of Institutions for Collective Action. New York: Cambridge University Press.에 자치적인 협약으로 공유 자원을 관리하는 사례가 소개되어 있습니다.
영상 참조: EBS-KDI 〈경제시리즈 시즌3_ 10부 공유지의 희극〉
https://www.youtube.com/watch?v=HhVEk9MNr24

▲ 수업 자료

15 몫 나누기 게임은 '최후통첩게임(Ultimatum Game)'으로 알려져 있습니다. Gutt, W., Schmittberger, R. & Schwarz, B., 1982, An Experimental Analysis of Ultimatum

Bargaining, Journal of Economic Behavior and Organization, 3(4), pp.367-388 에서 대학생들을 대상으로 진행했을 때 평균 37%의 금액을 응답자에게 제안했 습니다. 많은 학자들이 전 세계 곳곳에서 동일한 실험을 여러 차례 진행했을 때, 30~60% 사이의 금액을 제안한 것으로 나타났습니다.

16 신뢰 게임은 Berg, J., Dickhaut, J. & McCabe, K., 1995, Trust, Reciprocity, and Social History, Games and Economic Behavior 10, pp.122-142를 비롯해 많은 학 자들의 연구에서 사용되었습니다.

17 호혜성은 상호성 중에서 양(+)의 상호성을 뜻합니다. 즉, 상대의 호의에 호의로 답 한다는 것이지요. 배신에는 배신으로 답한다는 의미는 음(-)의 상호성이라고 하 고요. 상호성, 호혜성 모두 영어로는 reciprocity로 표기합니다.

18 Fehr, E., Kirchler, E., Weichbold,, A. & Gächter, S., 1998, When Social Norms Overpower Competition: Gift Exchange in Experimental Labor Markets, Journal of Labor Economics, 16(2), pp.324~351에서는 신뢰 게임 상황을 노동 시장에 적 용한 실험을 진행했습니다.

19 필자의 연구(김나영, 2009, 〈연령대별 사회적 선호 및 사회적 상호작용 분석〉, 이화여자대학교)에서 사용한 실험과 동일합니다. Fehr, E., & Gächter, S., 2000, Cooperation and Punishment in Public Goods Experiments, American Economic Review, 90(4), pp.980-994에서 사용한 실험을 번역하여 사용했습니다.

20 이 팀은 화면에 보이지 않는 내가 토큰 16개를 공공 통장에 기여하고, 구성원 B가 14개를 기여해서 공공 통장에 토큰 30개가 모였음을 유추해 볼 수 있습니다. 모인 토큰이 두 배가 되어 60개가 되고, 그걸 세 사람이 20개씩 나눠 받겠죠? 구성원 A 는 하나도 기여하지 않았으니 처음 받았던 토큰 20개가 남아있어 토큰 수는 40개 가 되고, 구성원 B는 처음 받았던 토큰이 6개 남아있을 테니 26개가 됩니다. 화면 상 보이지 않는 나의 토큰 수는 24개일 것으로 추측할 수 있습니다.

21 게임에서 보수(이익) 계산은 다음과 같습니다:
(20개-자신이 공공 통장에 기여한 토큰 수)+ $\dfrac{\text{공공 통장에 모인 총 금액} \times 2}{\text{N(팀 구성원 수)}}$ +추 가로 받은 토큰 10개-(처벌에 사용한 토큰 수+다른 사람에 의해 깎인 토큰 수)

22 Gneezy, U. and Rustichini, A., 2000, A Fine is a Price, Journal of Legal Studies, 29,

pp. 1-17.

23 DeQuervain, Dominique, J. F., Fischbacher. U., Treyer, V., Schellhammer. M., Schnyder, U., Buch, A. & Fehr, E., 2005, The Neural Basis of Altruistic Punishment, Science 305, pp. 1254-1264.

24 1984년 로버트 액설로드(Robert Axelod)는 죄수의 딜레마 게임에서 가장 높은 보수를 얻을 수 있는 전략을 공모했는데, 아나톨 라포트(Anatol Rapport)가 응모한 팃포탯 전략(Tit for Tat, 협조로 시작해서 상대가 협조하면 계속 협조, 이번 회에 배신하면 나도 배신) 전략이 우승했습니다(Axelod, R., 2006, The Evolution of Cooperation, Basic Books).

25 Hays, C., 1999, Coke Tests Vending Unit That Can Hike Prices in Hot Weather, New Work Times 28

26 Kahneman, D., Knetsh, J. & Thaler, R., 1986, Fairness and the Assumptions of Economics, Journal of Business, 59, pp. 285-300에서 사용한 질문입니다. 이 연구에서도 고급 호텔에서 더 많은 가격을 지불하겠다고 답한 응답자가 많았습니다. 지불하고자 한 가격의 평균적인 차이는 75%였습니다.

27 Kahneman, D., Knetsh, J. & Thaler, R. 1986, Fairness and the Assumptions of Economics, Journal of Business, 59, pp. 285-300에서 사용한 질문입니다. 이 연구에서 82%의 응답자가 눈삽 가격을 올린 것이 불공정하다고 답했습니다.

28 Kahneman, D., Knetsh, J. & Thaler, R. 1986, Fairness and the Assumptions of Economics, Journal of Business, 59, pp. 285-300에서 사용한 질문입니다.

29 Henrich, J., Boyd, R., Bowles, S., Camerer, C., Fehr, E., H. & McElreath, R., 2001, In Search of Homo Economicus: Behavioral Experiments in 15 Small-scale Societies. American Economic Review, 91(2), pp.73-78의 내용을 쉽게 풀어 간추렸습니다.

30 Fehr, E. & Gächter, S., 2000, Fairness and Retaliation: The Economic of Reciprocity, Journal of Econmic Perspectives, 14, pp.159-181; Fehr, E, & Gächter, S., 2000, Cooperation and punishment in public goods experiments, American Economic Review, 90(4), pp.980-994.

31 존 롤스, 1988, 《공정으로서의 정의》, 황경식, 이인탁, 이민수, 이한구, 이종일 공역, 서광사, 형평성에 관한 논의를 쉽게 풀어 간추렸습니다.

그림 정진염

홍익대학교에서 시각디자인을 전공했다. 디자이너로 일하다 그림을 그리는 것이 좋아서 일러스트레이터 겸 그림책 작가가 되었다. 현재 일러스트레이터로 다양한 영역에서 작업을 하고 있다. 만든 그림책으로는 《몰래 몰래 서커스》가 있으며, 이 책의 일러스트레이션으로 '2021 볼로냐 올해의 일러스트레이터'로 선정되었다. 앞으로도 상상이 가득한 즐거운 그림을 그리고 싶다.

@jinyeom_illust

세계시민이 된 실험경제반 아이들

초판 1쇄 발행 2022년 7월 20일
초판 6쇄 발행 2024년 1월 23일

지은이 김나영
감수 이인표
그림 정진염
발행인 강선영·조민정
펴낸곳 (주)앵글북스
디자인 강수진

주소 서울시 종로구 사직로8길 34 경희궁의 아침 3단지 오피스텔 407호
문의전화 02-6261-2015 **팩스** 02-6367-2020
메일 contact.anglebooks@gmail.com
ISBN 979-11-87512-69-1 43300

전문가들의 추천사

많은 학생들이 경제 교육이 필요하다고 생각하지만 막상 수업을 들으면 경제가 쉽다거나 즐겁다고 느끼기 어렵습니다. 이런 점에서 학생들이 경제를 체험하면서 배울 수 있도록 늘 노력해 온 저자에게 진심으로 감사 인사를 전합니다. 〈실험경제반 아이들〉 시리즈가 많은 학생과 선생님 들에게 몸으로 느끼고 이해하는 경제 수업의 좋은 길잡이가 되길 바랍니다.
—— **김경모**, 한국경제교육학회 회장, 경상국립대 사범대학 교수

〈실험경제반 아이들〉 시리즈는 경제학에 관심 있는 중·고등학교 학생뿐 아니라 경제학을 공부하는 대학생들도 꼭 읽어야 할 책입니다. 저자는 13년간의 경제 교육 경험을 바탕으로 경제학을 스토리텔링으로 풀어내, 마치 현장에서 수업을 듣는 듯 쉽고 재미있게 경제 지식을 쌓을 수 있도록 이끕니다.
—— **김세완**, 이화여대 경제학과 교수

점점 더 복잡해지는 현대사회에서 경제를 이해하고 현명하게 소비 활동과 돈 관리를 하는 것이 얼마나 중요한지는 새삼 강조할 필요가 없을 것입니다. 청소년들의 올바른 경제 교육을 위해 오래 활동해 온 저자의 소중한 경험과 지식을 모두 쏟아부은 이 책이야말로 우리나라 청소년들이 꼭 읽어야 할 책입니다. 기쁘게 추천합니다.
—— **김완진**, 서울대 경제학부 명예교수

실험경제반 교실은 늘 변화무쌍합니다. 어느 날은 사과를 사고파는 시장이, 예술품 경매장이 되기도 하죠. 아이들은 그 속에서 공급자와 수요자, 딜러 등 다양한 역할을 맡아 스스로 문제를 해결하며 살아있는 경제를 몸으로 익힙니다. 경제 마인드를 일찍 배운 학생들은 사회에 나가서도 현명한 판단과 합리적 선택을 하며 사회 현상을 보다 잘 이해할 수 있습니다. 이 책을 읽는 독자들도 실험경제반 아이들처럼 경제와 친구가 되어 보는 것은 어떨까요? —— **김형진**, 한국경제신문 경제교육연구소 팀장, 《읽으면 돈 되는 끝장 경제 상식》 저자

10년 넘게 저자가 실험경제반을 운영하는 것을 지켜보면서 경제 교육에 대한 열정이 '찐'이라는 걸 느꼈습니다. 〈실험경제반 아이들〉 시리즈에는 효과적인 경제 교육을 해 온 저자의 경험과 아이디어가 오롯이 녹아 있습니다. 아이들의 경제적 사고력과 수학적 논리력을 어떻게 키워 주어야 할지 고민하는 선생님들에게 이 책이 큰 도움이 될 것입니다.   __ 박철용, 서울국제고 교사

〈실험경제반 아이들〉 시리즈는 똑똑하게 미래를 준비하려는 10대 독자들에게 신나고 재미있게, 그리고 의미 있게 경제 공부를 할 수 있는 '최고의 기회'가 되어 주리라 확신합니다. 또한 선생님들에게도 현실적이고 친절한 체험 중심의 수업을 준비하는, 최고의 경제 수업 안내서가 되어 줄 것입니다.   __ 박형준, 성신여대 사회교육과 교수

한마디로 '신선'합니다! 경제 지식은 아는 데 그치면 안 되고 이를 바탕으로 경제적 사고를 하며 경제 현상을 분석하고 흐름을 파악할 수 있어야 의미가 있습니다. 대부분의 경제 책들이 경제 지식을 이해시키는 데서 그치는데, 이 책은 경제 지식은 물론 경제적 사고방식을 자연스럽게 익히고 체화할 수 있도록 해 줍니다. 오랜 기간 학생들에게 제대로 경제 교육을 해 온 저자만이 쓸 수 있는 책이라 생각합니다.

__ 석혜원, 《돈과 금융 쫌 아는 10대》, 《주식회사 6학년 2반》 저자

덩샤오핑은 진리를 검증하는 유일한 수단은 '실천'이라고 말했습니다. 생활 속에서 경제적 사고를 통해 의사결정을 하기 위해서는 경제 이론을 이해하는 데 그치지 않고, 이를 활용해 사고하는 훈련이 병행되어야 합니다. 이 책에는 사과 시장 거래, 예술품 경매, 〈해리포터〉 시리즈의 마케팅 전략 등 경제 이론을 이해하는 데 도움이 되는 흥미로운 사례들이 가득 담겨 있습니다. 여러분도 이 책을 통해 실험경제반 아이들처럼 친구들과 함께 토론도 하고, 생활 속 숨은 경제 원리도 찾아보기를 추천합니다.

__ 송병락, 서울대 경제학부 명예교수, 전 서울대 부총장, 전 하버드대 초빙교수

경제는 앞으로 살아가는 데 있어 반드시 필요한 지식입니다. 특히 청소년기부터 경제적으로 사고하는 법을 훈련해야 성인이 되었을 때 생활 속에서 마주하는 여러 현상들을 잘 이해하고 대처할 수 있습니다. 실험경제반 아이들은 생활 곳곳에 스며 있는 경제 원리를 실험을 통해 자연스럽게 익히고 문제를 해결해 나갑니다. 독자들도 이 책을 읽으며 자연스럽게 경제 원리를 이해하고, 사회에 나가 맞닥뜨리게 될 문제들을 합리적으로 해결하는 힘을 기를 수 있으리라 믿습니다.   **심재학**, 한국개발연구원(KDI) 경제교육실 실장

실효성이 적은 지금의 경제 교육의 한계를 걱정해 온 한 사람으로서 〈실험경제반 아이들〉 시리즈가 무척 반갑습니다. 이 책은 저자의 10여 년간 경제 교육 경험을 바탕으로 아이들에겐 어려운 경제와 수학 개념을 게임과 실험을 통해 보다 이해하기 쉽게 보여 줍니다.   **유일호**, 전 경제부총리

경제학을 어렵고, 따분하고, 실생활과 동떨어져 있다고 생각했다면 〈실험경제반 아이들〉 시리즈가 훌륭한 답이 되어 줄 것입니다. 이 책은 경제학이 우리 삶에 꼭 필요하고 재미있는 학문이라는 것을 보여 줍니다. 자녀의 올바른 경제 관념과 실용적인 경제 교육을 고민하고 있다면 이 책을 함께 읽어 보길 권합니다.

    이인표, 이화여대 국제대학원 교수

수학적으로 계산을 완벽하게 한다고 해서 세상의 흐름을 잘 파악하는 것은 아닙니다. 당대 최고의 지성으로 손꼽히는 뉴턴도 주식 투자에 폭망한 후, "내가 천체의 움직임은 계산할 수 있어도 인간의 광기는 계산할 수 없다."라고 말했습니다. 이 책은 수학을 좋아하거나 그렇지 않은 사람들도 인간 심리의 중요성을 깨닫게 해 줍니다. 이는 분명 우리가 뉴턴보다 이 세상을 보다 잘 이해할 수 있는 도구가 되어 줄 것입니다.

    임상현, 양정중 교사, EBS 수학 교재 집필 및 검토

저자는 대학생도 어려워하는 경제 이론과 원리를 게임과 실험을 접목해 중학교 수준에서도 교육하는 게 가능하다는 것을 증명해 냈습니다. 특히 경제 이론을 그래프와 수식에 의존하지 않고 스토리텔링 형식으로 이해하기 쉽게 전달해, 놀랍도록 효과적인 경제 교육의 방향을 제시하고 있습니다. __ **최민식**, 이화여대 사회과교육과 경제교육담당 교수

이토록 재미있는 경제학 책이라니! 학생들과 함께 우리의 일상을 경제적 사고와 수학적 논리로 풀어낸 이야기들을 읽으며, 나 선생이 내 아이의 학교 선생님이었으면, 하고 바랐습니다. 벌써부터 실험경제반의 다음 활동이 기다려집니다.

__ **최정순**, 한국교육과정평가원 연구위원

이 책은 어렵고 딱딱하게 생각하기 쉬운 경제 원리들을 다양한 실험을 통해 체득하고, 실생활에 적용해 보면서 흥미로운 경제의 세계로 안내합니다. 실제 수업 내용을 엄선해 책으로 엮었기 때문에 학생들은 물론, 경제 수업을 하는 선생님들에게도 좋은 참고 자료가 될 것입니다. __ **하준호**, 하나고 교사

저자의 경제 교육에 대한 열정과 학생들을 사랑하는 마음이 책 속에 고스란히 담겨 있습니다. 여기에 담긴 생생한 체험 경제 교육은 학생들에게는 세상을 단단하게 살아갈 수 있는 힘이 되고, 동료 교사들에게는 알찬 수업을 위한 동기 부여가 되리라 믿습니다. 더불어 이 책을 통해 독자들이 복잡한 사회 현상의 이면에 숨어 있는 원리를 쉽게 이해하고, 소중한 삶의 지혜를 얻기를 기대합니다. __ **한민석**, 명덕외국어고 교사

실험경제반에서 시도한 여러 실험들은 경제 원리를 자연스럽게 이해하게 해 주는 혁신적인 방법입니다. 학생들은 이 책 한 권으로 희소성과 가격의 관계에서부터 현명한 돈 관리를 위해 꼭 알아 두어야 할 경제 지식에 이르기까지, 살아가는 데 필요한 모든 기본 경제 원리를 체험할 수 있습니다. 게다가 수학적 사고력까지 높일 수 있으니 일거양득이죠!

__ **한진수**, 경인교대 사회과교육과 교수, 《청소년을 위한 경제학 에세이》 저자